In dieser Reihe sind
bisher erschienen:

Richtig Aerobic
Richtig Aikido
Richtig Badminton
Richtig Basketball
Richtig Bergsteigen
Richtig Body-Styling
Richtig Carven
Richtig Fahrtensegeln
Richtig Fitness-Skating
Richtig Fußball
Richtig Golf
Richtig Golf länger und genauer
Richtig Golf rund ums Grün
Richtig Handball
Richtig Hanteltraining
Richtig Hochtouren
Richtig Inline-Skating
Richtig Jogging
Richtig Judo
Richtig Kanufahren
Richtig Karate
Richtig Marathon
Richtig Mountainbiken
Richtig Muskeltraining
Richtig Parag[illegible]
Richtig Qi Gong
Richtig Reiten
Richtig Rennradfahren
Richtig Sanftes Krafttraining
Richtig Schwimmen
Richtig Segeln
Richtig Skitouren
Richtig Snowboarding
Richtig Sporternährung
Richtig Sportklettern
Richtig Stretching
Richtig Taekwondo
Richtig Tai-Bo
Richtig Tanzen Lateinamerikanische Tänze
Richtig Tanzen Modetänze
Richtig Tanzen Standardtänze
Richtig Tauchen
Richtig Tennis
Richtig Tennistraining
Richtig Tischtennis
Richtig Torwarttraining
Richtig Trainieren im Fitness-Studio
Richtig Triathlon
Richtig Volleyball
Richtig Walking
Richtig Yoga

RICHTIG

BLV SPORTPRAXIS TOP

Bodo Rödel

Aikido

blv

Bibliographische Information
Der Deutschen Bibliothek

Die Deutsche Bibliothek verzeichnet diese Publikation in der Deutschen Nationalbibliographie; detaillierte bibliographische Daten sind im Internet über http://dnb.ddb.de abrufbar.

BLV Verlagsgesellschaft mbH
München Wien Zürich
80797 München

BLV Sportpraxis Top

Lektorat: Inken Kloppenburg
Verlags-Service, München
Layoutkonzeption: Parzhuber & Partner
Layout und DTP: Gaby Herbrecht, München
Herstellung: Rosemarie Schmid
Umschlaggestaltung: Joko Sander Werbeagentur, München

Gedruckt auf chlorfrei gebleichtem Papier

Printed in Germany · ISBN 3-405-16581-4

Bodo Rödel, Jahrgang 1971, Diplom-Heilpädagoge, begann mit 16 Jahren Aikido zu lernen. In den folgenden Jahren besuchte er zahlreiche Seminare bei vielen bekannten deutschen und japanischen Aikido-Lehrern in Europa. 1993 lernte er Christian Tissier kennen und ist seitdem dessen Schüler. Christian Tissier zählt zu den renommiertesten Aikido-Lehrern weltweit. Seit der Eröffnung einer eigenen Aikido-Schule (www.aikido-schule.de) 1996 in Köln ist Bodo Rödel professioneller Aikido-Lehrer. Er ist Mitbegründer der Aikido Föderation Deutschland und hat seit 1998 einen Unterrichtsauftrag für Aikido an der Universität Köln.

Bildnachweis
Alle Fotos von Ulli Seer außer:
Dieter Becker: S. 2, 62
Martina Dorka: S. 4
Rosemarie Koch: S. 9, 71, 119
Abb. 120 aus John Stevens: »Unendlicher Friede. Die Biographie des Aikido-Gründers Morihei Ueshiba«. Mit freundlicher Genehmigung des Werner Kristkeitz Verlages, Leimen (www.kristkeitz.de)
Umschlagfotos: Ulli Seer
Grafiken: Jörg Mair

Hinweis
Das vorliegende Buch wurde sorgfältig erarbeitet. Dennoch erfolgen alle Angaben ohne Gewähr. Weder Autor noch Verlag können für eventuelle Nachteile oder Schäden, die aus den im Buch vorgestellten Übungen und Informationen resultieren, eine Haftung übernehmen.

Vorwort 8

Geleitwort 9

Was ist Aikido? 11

Warum Aikido üben? 14

Das Graduierungssystem 14

Übungsraum und Etikette 15

Kleine Materialkunde 15

Prinzipien 18

Austausch 18

Reinheit 19

Effektivität 19

Distanz 19

Integrität 19

Achse und Winkel 20

Keine Lücke 21

Kontakt 21

Zentrum 23

Haltung 23

Schneiden 23

Vorübungen 24

Verbeugung – *rei* 24

Fallschule – *ukemi* 26

Rückwärts fallen – *ushiro ukemi* 26

Vorwärts rollen – *mae ukemi* 30

Spezielle Falltechniken 32

Inhalt

Grundposition – *kamae* **34**

Grundbewegungen **35**
Hineingehen – *irimi* 35
Drehen – *tenkan* 38
Hineingehen und drehen – *tai sabaki* 42
Hüfte drehen – *tai no henka* 46
Gleitschritte – *tsugi ashi* 48
Bewegung im Knien – *shikko* 48

Kontakt halten **50**

WIE WIRD GEÜBT? **52**

Angreifer/Verteidiger – *Uke / Tori* **52**
Basis-Angriffe 52
Greifen von vorn 53
Schlagen 55
Tritte 56
Greifen von hinten 56

Grundtechniken – *kihon no waza* **58**
Vorder-/Rückseite – *omote/ura* 59

Lernphasen **59**
1. Lernphase: Statik 59
2. Lernphase: Dynamik 59
3. Lernphase: Aikido 60
Konstruktion 60

Ideale Technik – Anwendung **62**
Ideale Technik 62
Anwendung 62

Inhalt

GRUNDTECHNIKEN – KIHON NO WAZA 63

Haltetechniken – *katame waza* 63
ai hanmi katate dori ikkyo omote und *ura waza* 64
kata dori nikkyo ura waza 68
ushiro ryote dori sankyo omote waza 72
shomen uchi yonkyo omote waza 76
yokomen uchi gokyo ura waza 80

Wurftechniken – *nage waza* 84
gyaku hanmi katate dori shiho nage omote und *ura waza* 84
shomen uchi irimi nage 90
ai hanmi katate dori kote gaeshi 93
gyaku hanmi katate dori uchi kaiten nage omote waza 96
ryote dori tenchi nage omote waza 99
ai hanmi katate dori ude kime nage omote waza 101
gyaku hanmi katate dori koshi nage 103

Techniken im Knien – *suwari waza* 106
shomen uchi ikkyo omote und *ura waza* 106
shomen uchi irimi nage 110

Der Angreifer steht – *hanmi handachi waza* 113
gyaku hanmi katate dori shiho nage omote waza 113
shomen uchi kote gaeshi 116

GESCHICHTE 120

Japan und Morihei Ueshiba 120

Weltweite Entwicklung 122

Entwicklung in Deutschland 122

TIPPS FÜR DEN EINSTIEG 123

BEGRIFFSERKLÄRUNGEN 124
Japanische Zahlen 126

LITERATUR 127

INTERNET-ADRESSEN 127

Inhalt

Vorwort

Gerade Anfänger haben im Aikido zu Recht das Bedürfnis, möglichst schnell etwas mehr über Aikido zu erfahren. Dieses Bedürfnis will »Richtig Aikido« befriedigen und gleichzeitig Appetit auf mehr machen.

Beginnt man mit Aikido, ist die Vielzahl der Übungen mit und ohne Partner oft verwirrend – hinzu kommen noch die japanischen Bezeichnungen der Techniken. Dieses Buch will dem Anfänger einen Überblick verschaffen. Es gibt einen theoretischen Einblick in die Idee (Seite 11) und die Grundprinzipien (Seite 18) des Aikido. Ferner wird der theoretische Aufbau der Techniken und Übungsweisen (Seite 52) erläutert. Am Ende wird ein kurzer Blick auf die geschichtliche Entwicklung des Aikido (Seite 120) geworfen.

Das Buch ist so gestaltet, dass es in seinem Hauptteil dem Anfänger eine praktische Anleitung bietet. So kann man die Grundübungen der Fallschule und Basisbewegungen für sich allein nachvollziehen (Seite 24). Alle Grundtechniken des Aikido werden anschließend in ihrer einfachsten Form gezeigt (Seite 63).

Da Aikido in Japan entstanden ist, werden im Aikido-Training viele japanische Begriffe verwendet – so auch in diesem Buch. Entsprechende Erklärungen finden sich entweder direkt im Text oder in der Zusammenstellung der japanischen Terminologie am Ende dieses Buches (Seite 124). Die Übersetzungen der japanischen Begriffe sind dabei als sinngemäße Übersetzungen zu verstehen.

Aikido ist eine Kampf- und Bewegungskunst, die dem Übenden in praktischer und theoretischer Hinsicht eine anspruchsvolle und vielschichtige Herausforderung bietet. Man lernt Aikido deshalb nur durch jahrelanges Üben.

Ein Buch zum Thema Aikido kann nicht alle Tiefen, Facetten und Variationen darstellen. Infolgedessen erhebt »Richtig Aikido« keinen Anspruch auf Vollständigkeit. Das Buch kann aber unterstützend wirken. Das Aikido-Training wird damit sinnvoll ergänzt, aber nicht ersetzt.

Mein Dank für ihre Unterstützung bei der Erstellung dieses Buches gilt Rosemarie Koch, Martina Dorka und Birga Böcker.

Bodo Rödel

Geleitwort

von Christian Tissier Shihan
7. Dan Aikikai

Als Lehrer ist man natürlich immer begeistert, aber auch gleichzeitig unschlüssig, wenn ein Aikido-Übender uns seinen Wunsch mitteilt, sich in das Studium des Aikido derartig voll und ganz zu vertiefen, dass er sogar in Betracht zieht, diesem Studium all seine Zeit zu widmen. Aus Erfahrung und weil ich auch diese Zeit durchgemacht habe, weiß ich ganz genau, wie hart, lang und zufallsbedingt dieses Studium sein wird.

Christian Tissier und Bodo Rödel

Der Körper muss ausdauernd bleiben, und die Begeisterung darf im Laufe der Jahre nicht weniger werden. Wie viele junge Leute, die viel versprechende Eigenschaften besaßen, die entschlossen und von ihrer Entscheidung überzeugt waren, haben die Geduld und den Mut verloren. Sie sind von heute auf morgen verschwunden. Viele, die mit einer perfekten technischen Laufbahn überzeugten, haben es nicht geschafft, sich genügend in intellektueller und menschlicher Hinsicht zu entwickeln. Viele Berufene, wenige Auserwählte. Als Bodo Rödel vor einigen Jahren sich mir vorstellte, habe ich deshalb sein Gesuch zwar mit Interesse, aber auch mit Vorbehalt angenommen. 30 Jahre Erfahrung als Lehrer bringen mich dazu, mir die Zeit zur Beobachtung einzuräumen. Jahre sind vergangen, und Bodo fährt immer noch Woche für Woche die Strecke Köln–Paris mit dem Auto. Durch seine angeeigneten technischen Fähigkeiten ist er eine der Stützen meines Dojos in Paris geworden. Ausdauernd in seiner Suche, mutig auf der Matte, scheut er keine Mühe, um sein Studium auch auf einem hohen Niveau fortzusetzen. Der Weg, den er noch zurückzulegen hat, entspricht ganz seinen Anforderungen. Jetzt schon aber habe ich gar keinen Zweifel an seinem Beitrag zur Entwicklung des Aikido und mit großer Freude wünsche ich diesem Buch die begeisterte Aufnahme, die es verdient. Es stellt das bescheidene und ehrliche Ergebnis eines aufrichtig Übenden dar.

Christian Tissier
Paris, den 10.12.2002

(aus dem Französischen von Edith Bornhold)

Was ist Aikido?

Aikido ist ein aus Japan stammendes hoch entwickeltes und anspruchsvolles Bewegungssystem mit einem »philosophischen« – je nach Stilrichtung auch spirituellen – Hintergrund. Die Frage »Was ist Aikido?« zu beantworten ist dementsprechend schwierig. Eine Antwort könnte von »Sport« und »Selbstverteidigung« bis hin zu »moralischer Verhaltenslehre« reichen.
In »Richtig Aikido« wird versucht, eine möglichst breite Antwort zu geben. Diese berücksichtigt den Mainstream im Aikido und die Entwicklungen, welche es in den Jahren seit seiner Entstehung durchlaufen hat.

Aikido ist zunächst einmal eine traditionelle Kunst der Selbstverteidigung, die von dem Japaner Morihei Ueshiba (1883–1969) begründet wurde. Er verband unterschiedlichste Kampftechniken mit und ohne Waffen zu einem komplexen Bewegungssystem, das auf einheitlichen Prinzipien beruht.
Aikido ist also tief in der japanischen Tradition verwurzelt und gehört, neben z. B. *Judo* und *Karate-Do*, zu den klassischen japanischen Kampfkünsten. Der Oberbegriff für diese traditionellen japanischen Kampfkünste ist *Budo*.
Morihei Ueshiba hat durch die Begründung des Aikido eine Entwicklung in Gang gesetzt, durch die das Aikido mittlerweile eine weltweite Verbreitung finden konnte. Heute muss man nicht mehr nach Japan fahren, um Aikido zu lernen. Das hat zur Folge, dass die traditionellen japanischen Wurzeln mehr und mehr an Bedeutung verlieren. Gerade in Europa entwickelt sich durch das Aufeinandertreffen des Aikido mit der abendländischen Kultur zunehmend ein eigenes Verständnis von dem, was Aikido ausmacht.
Eine Möglichkeit zu verstehen, was Aikido charakterisiert, ist nach der Bedeutung der einzelnen Bestandteile des Wortes *AI – KI – DO* zu fragen. Das japanische Schriftzeichen *AI* bedeutet so viel wie »harmonisieren, zu etwas passen, übereinstimmen, vereinigen, zusammenbringen«. *KI* bedeutet »Lebensenergie, Lebenskraft, Wille oder Absicht, engl. spirit«. *DO* bedeutet »Weg, Methode, Lehre«.

Schriftzeichen *AI KI DO*

Der Wortteil *AI* meint, dass es im Aikido darum geht, anfänglich entgegengesetzte Kräfte – das heißt die eines Angreifers und eines Verteidigers – zusammenzubringen und einen möglichen Konflikt aufzulösen.
Der Wortteil *DO* besagt, dass es sich bei Aikido nicht nur um eine Selbstverteidigungskunst handelt. Aikido ist auch eine Methode, durch das Studium der Aikido-Techniken an sich selbst zu arbeiten. Aikido zu üben ist also mehr als eine sportliche Betätigung und mehr als das reine Erlernen einer Technik. Zusammengebracht werden sollen vielmehr auch sich entgegenstehende Kräfte im Aikido-Praktizierenden selbst. Unsere Lebensenergie – das *KI* – soll nicht nur mit unserer Außenwelt, sondern auch in uns selber in einen ausgeglichenen Zustand kommen.
Das heißt, Aikido ist zum einen eine nach außen gerichtete Selbstverteidungsmethode. Zum anderen ist es aber auch eine nach innen gerichtete Methode, das Zusammenspiel von Körper, Geist und Umwelt zu erforschen, zu begreifen und schließlich auch anzuwenden. Erst durch ein Zusammenspiel dieser drei Seiten ergibt sich wiederum eine wirkungsvolle Selbstverteidigung. So kann dann das Richtige im richtigen Moment getan werden. Es entwickeln sich natürliche und spontane Bewegungen. Die durch das Üben der Aikido-Techniken erlernten Prinzipien (Seite 18) sollen dabei auch im alltäglichen Leben einsetzbar werden und so zu einem besseren Zusammenleben führen. Eingesetzt werden sie heute z.B. auch im Training von Führungskräften.

Was ist das Besondere des Aikido und was unterscheidet es grundlegend von anderen Kampfkünsten oder Kampfsportarten?
Eine Selbstverteidigung besteht im Aikido darin, den Angreifer nicht zu vernichten, sondern seine Energie aufzunehmen und ins Leere zu lenken. Deshalb gibt es im Aikido keinen Wettkampf. Aikido wird darum auch als »Kampfkunst des Verzeihens« bezeichnet – dem Angreifer wird seine aggressive Absicht »verziehen«, und er soll dabei körperlich möglichst unversehrt bleiben.
Dies setzt allerdings die Einsicht des Angreifers voraus, dass sein Angriff ein Fehler war. Verweigert er dieses Eingeständnis, wird deutlich: Aikido ist durch effektive Techniken gekennzeichnet, die einem Angreifer ernsthaften Schaden zufügen können. Das heißt, Aikido basiert auch auf Abschreckung. Erkennt der Angreifer nicht, dass er einen Fehler gemacht hat, können ihn die Aikido-Techniken verletzen.
Aikido erhebt einen hohen Anspruch: Wahrung der eigenen Unversehrtheit – aber wenn möglich auch Wahrung der Unversehrtheit des Angreifers. Nicht zuletzt dieser Anspruch ist es, der Aikido für viele interessant und zur Herausforderung werden lässt.

Linke Seite:
Kokyu Nage

Warum Aikido üben?

Motive, warum Menschen Aikido üben, gibt es vermutlich so viele, wie es Aikido-Übende gibt:

- Aikido kann in jedem Alter geübt werden. Unterschiede zwischen den Übenden im Gewicht oder der körperlichen Kraft spielen kaum eine Rolle. Es wird weder nach Gewichts- noch nach Altersklassen oder Geschlecht eingeteilt – alle üben zusammen.
- Aikido macht Spaß. In einer Aikido-Schule oder einem Verein lernt man Gleichgesinnte kennen. Man bewegt sich mit anderen zusammen und lernt die unterschiedlichsten Menschen kennen, es entstehen soziale Kontakte.
- Aikido hält fit. Es beansprucht den gesamten Bewegungsapparat und ist nicht einseitig belastend. Körpergefühl, Koordinationsvermögen und Kondition verbessern sich.
- Aikido ist meditativ. Es verbessert die Eigenwahrnehmung und Konzentrationsfähigkeit.
- Aikido ist individuell. Durch Aikido kommt die eigene Persönlichkeit zum Ausdruck. Man lernt sich und sein Gegenüber besser kennen.
- Aikido schafft Selbstvertrauen. Aikido ermöglicht es, die eigenen körperlichen Fähigkeiten und die anderer besser einzuschätzen.
- Aikido ist kooperativ. Man lernt, sich gemeinsam mit anderen Menschen weiterzuentwickeln.
- Aikido ermöglicht Selbstverteidigung. Die Aikido-Techniken sind Selbstverteidigungstechniken. Allerdings ist die Abwehr eines realen Angriffs mit Aikido sicherlich erst nach einer intensiven Auseinandersetzung mit dieser Kampfkunst möglich.

Das Graduierungssystem

Wie in allen traditionellen japanischen Kampfkünsten gibt es auch im Aikido ein Graduierungssystem. Innerhalb dieses Systems werden Prüfungen abgelegt. Prüfungen im Aikido haben dabei folgenden Sinn:

- Sie ermöglichen, sich mit den Aikido-Techniken auch außerhalb körperlicher Erfahrungen zu beschäftigen. Mehrere Wege, sich mit Aikido auseinander zu setzen, erhöhen dabei den Lernerfolg.
- Aikido ist eine systematisch aufgebaute Kunst (nicht eine Ansammlung von Tricks). Prüfungen helfen, diese Systematik zu verstehen, z. B. können so Basis- und fortgeschrittene Techniken unterschieden werden.
- Prüfungen im Aikido sind nicht zu verwechseln mit Beurteilungen anhand von Noten, wie z. B. in der Schule. Sie bestätigen, dass man sich »auf dem richtigen Weg« befindet. Damit ermöglichen sie eine Standortbestimmung des individuellen Könnens und verweisen auf das, was als Nächstes kommt.

In allen Kampfkünsten wird zwischen Schüler- (*Kyu*) und so genannten Meistergraden (*Dan*) unterschieden. *Kyu*-Grade werden abwärts gezählt (5–1). Man beginnt mit dem 5. *Kyu*. Im Aikido ist es dabei nicht üblich, farbige Gürtel zu verwenden. Alle *Kyu*-Grade tragen in der Regel einen weißen Gürtel. Nach dem 1. *Kyu* absolviert man die Prüfung zum 1. *Dan*. Jetzt trägt man einen schwarzen Gürtel. Die *Dan*-Grade werden aufwärts gezählt (1–9).
Die deutsche Übersetzung von *Dan* mit »Meistergrad« ist allerdings etwas irreführend. Das japanische Schriftzeichen von 1. *Dan* (*Sho-Dan*) hat nicht nur die Bedeutung »Eins«, sondern auch die Bedeutung »Anfänger«. Gemeint ist damit also nur, dass man jetzt alle Grundtechniken des Aikido kennt.

Übungsraum und Etikette

Der Raum, in dem Aikido geübt wird, heißt im Japanischen *Dojo*. Die Silbe *DO* hat dabei die gleiche Bedeutung wie in Aiki-*Do*. *JO* bezeichnet einen Ort, an dem etwas stattfindet. Ein *Dojo* ist also der »Ort, wo der Weg geübt wird«. Damit unterscheidet sich ein *Dojo* von einer Sporthalle (auch wenn eine Sporthalle zu einem *Dojo* werden kann). Dies drückt sich im Verhalten der *Aikido-ka* (der oder die Aikido-Übende) aus. Wenn man auf die Matte geht oder diese verlässt, verbeugt man sich vor dem Bild von Morihei Ueshiba. Zu Unterrichtsbeginn verbeugen sich Lehrer und Schüler noch einmal gemeinsam vor dem Bild von Morihei Ueshiba und anschließend voreinander. Dasselbe Ritual beendet den Unterricht. Verbeugungen im Knien oder Stehen sind dabei kein Zeichen von Unterwerfung oder Anbetung, sondern der Ausdruck von Höflichkeit und Respekt. Dieses Verhalten sollte auch die Atmosphäre im *Dojo* bestimmen. Die *Aikido-ka* sollten höflich und respektvoll miteinander umgehen. Deshalb verbeugt man sich einmal kurz vor dem Übungspartner zu Beginn und zum Ende jeder Übungseinheit.

Kleine Materialkunde

Aikido wird barfuß auf Judo-Matten geübt. Beim Aikido trägt der *Aikido-ka* einen Judo-Anzug (*Gi*). Herren tragen darunter normalerweise keine Unterwäsche, Damen ein T-Shirt (o.Ä.). Der *Gi* wird mit einem weißen Gürtel gebunden und kann in unterschiedlicher Qualität und zu unterschiedlichen Preisen erworben werden.
Ab einer bestimmten Graduierung trägt man darüber einen traditionellen Hosenrock, den so genannten *Hakama* in Schwarz oder Blau. Ab welcher Graduierung der *Hakama* getragen wird, wird je nach Aikido-Verband oder Schule etwas anders gehandhabt.

In den meisten Aikido-Schulen gibt es die Regel, seine Schuhe im Eingangsbereich auszuziehen. Damit man sich in den Räumlichkeiten angenehm bewegen kann, trägt man Sandalen oder (stilecht) so genannte Zori. Jeglicher Schmuck ist vor Trainingsbeginn abzulegen.

Im Aikido wird auch mit Waffen geübt. Es gibt Übungsmesser und -schwerter aus Holz (*Tanto/Bokken*). Weiter wird mit Holzstöcken geübt (*Jo*). In den meisten *Aikido-Dojos* werden diese Waffen zunächst einmal kostenlos zur Verfügung gestellt.

Linke Seite:
Hakama
und *Gi*

Links:
Bokken
Rechts: *Jo*

Tanto

Prinzipien

Aikido ist eine systematisch aufgebaute Kunst, die auf Prinzipien beruht. In allen Aikido-Bewegungen finden sich die Prinzipien wieder. Ziel des Übens der verschiedenen Aikido-Techniken ist es, diese Prinzipien zu erlernen. Aikido-Techniken, ausgeführt ohne die Wahrung der Prinzipien, werden zu »Tricks«. Damit wird auch der Unterschied zum Sport deutlich. Aikido geht über bloße sportliche Aktivität hinaus. Es ist eine Kunst, bei der nicht nur das Ergebnis im Vordergrund steht, sondern auch der Weg, wie man zu diesem Ergebnis gekommen ist. Schafft man es z. B. mit einer Aikido-Technik, einen Angriff abzuwehren, hat der *Aikido-ka* trotzdem keine gute Bewegung gemacht, wenn die Aikido-Prinzipien nicht berücksichtigt wurden.
Im Aikido ist man immer bestrebt, seine eigenen Bewegungen zu verbessern. Unter diesem Aspekt kämpft man nicht nur gegen einen Angreifer, sondern immer auch gegen sich selbst. Es wird deutlich, warum Aikido auch ein Erziehungssystem ist. In diesem Sinne gilt für Aikido: »Man verbessert sich nicht, man macht nur weniger Fehler.«
Wer sich der Herausforderung des Aikido stellt, begegnet einem Erziehungssystem, das Lernen in vielfältiger Weise ermöglicht. Angestrebt wird eine »ideale« Technik, das heißt, alle Prinzipien sollen maximal berücksichtigt werden. Per Definition (»ideale« Technik) ist dies niemals möglich. Der *Aikido-ka* macht immer wieder neue Fehler. Da es sich im Aikido-Training um eine Übungssituation und eben nicht um eine reale Kampfsituation handelt, gibt es die Chance, es noch einmal zu probieren. Der Übende versucht nun, den gemachten Fehler nicht mehr zu wiederholen – dafür macht er aber einen neuen Fehler und so weiter ...
Nachfolgend werden einige der wichtigsten Prinzipien des Aikido erklärt.

Austausch

Die ersten zwei Silben des Wortes Aikido – *aiki* – beschreiben den Inhalt dieses Prinzips. Übertragen meint dies etwa »harmonisierende Lebenskräfte« oder »den Geist in Harmonie bringen« – sinngemäß übersetzt: »in Harmonie vereinigen«.
Damit ist bezeichnet, was angestrebt wird: mit einem Gegenüber den Austausch zu suchen. Anders als in anderen Kampfkünsten, wo Angriffe abgeblockt und abgewehrt werden, strebt man im Aikido einen Austausch mit dem Gegenüber an. In einer Kampfsituation scheint dies zunächst widersinnig zu sein. Je intensiver und feinfühliger dieser Austausch im Verlauf des Trainings wird, umso deutlicher wird der Vorteil dieses Prinzips. Es geht nämlich nicht

nur darum, seinen Partner von links nach rechts zu werfen, sondern genau zu spüren, wie er sich bewegt, welche Absichten er hegt, und darauf entsprechend zu reagieren.

Reinheit

Aikido-Bewegungen sollen natürliche Bewegungen sein. Das heißt, dass nur wirklich notwendige Bewegungen ausgeführt werden. Alles Überflüssige soll mit der Zeit aus den Bewegungen verschwinden. Die Idee ist, dass nur so schnelle und effektive Bewegungen möglich sind. Jeder Umweg dauert zu lange und vermindert die Wirkung einer Aikido-Technik.
Jenseits der Technik bedeutet das Prinzip der Reinheit auch, eine bestimmte Geisteshaltung zu entwickeln. Diese ist dadurch gekennzeichnet, dass man alles immer wieder neu betrachtet. Wenn man übt, versucht man immer wieder neu zu verstehen und hinterfragt alte Gewohnheiten.

Effektivität

Eng mit dem Prinzip der »Reinheit« der Bewegung hängt die Idee zusammen, sich möglichst ökonomisch zu bewegen. Das heißt, die Aikido-Bewegungen sollen dergestalt sein, dass mit relativ wenig Aufwand ein großer Effekt erzielt wird. Dies gilt insbesondere für den Einsatz körperlicher Kraft. Dieser ist natürlich notwendig, sonst könnte man sich gar nicht bewegen, er sollte aber ökonomisch erfolgen. Das heißt, jeder unnötige oder übertriebene Krafteinsatz würde gegen das oben genannte Prinzip verstoßen.

Distanz

Die korrekte Distanz wird im Aikido mit dem japanischen Ausdruck *ma-ai* bezeichnet. Gemeint ist der Abstand zwischen Angreifer und Verteidiger. Dieser muss in jeder Phase der Bewegung stimmig sein. Generell soll die korrekte Distanz einen Angriff, aber auch eine Reaktion des Angegriffenen ermöglichen. Ein festes Maß kann dabei nicht angegeben werden, da die »richtige« Distanz von verschiedenen Faktoren abhängt – vom Niveau der Übenden, ihrer Geschwindigkeit, dem gewählten Angriff und der Aikido-Technik. Das heißt, die Distanz variiert von Situation zu Situation.

Integrität

Eng mit diesem Prinzip hängt das Prinzip Austausch, wie es oben beschrieben wurde, zusammen. Mit Integrität ist zum einen gemeint, dass ein Angriff, wenn möglich, so abgewehrt werden soll, dass der Angreifer relativ wenig zu Schaden kommt. Andererseits bedeutet es aber auch, dass der Abwehrende »bei sich« bleiben soll. Er soll ruhig bleiben, sich und seine Technik kontrollieren. Auch in schwierigen Situationen soll er Herr seiner selbst bleiben.

Achse und Winkel

Damit die Position von Angreifer und Verteidiger zueinander beschrieben werden kann, arbeitet man im Aikido mit der Idee von Achsen und Winkeln. Damit ist die Vorstellung gemeint, dass Angreifer und Verteidiger eine Längsachse haben (Wirbelsäule). Weiter ist damit gemeint, dass jede Aikido-Bewegung eine Drehachse besitzt (siehe z. B. auf Seite 42 die Grundbewegung *tai sabaki*).

Entscheidend ist jetzt, wie diese drei Achsen (zwei Längsachsen, eine Drehachse) zueinander ausgerichtet stehen – in welchem Winkel sie sich zueinander befinden.

Die optimale Position zum Partner ist die Grundlage für einen ökonomischen Krafteinsatz in der Bewegung. Wird dieses Prinzip nicht berücksichtigt, wird es zu ziehenden und drückenden Bewegungen kommen, die viel Kraftaufwand erfordern und im Gegensatz zu »schneidenden« Bewegungen stehen (siehe »Schneiden«, Seite 23).

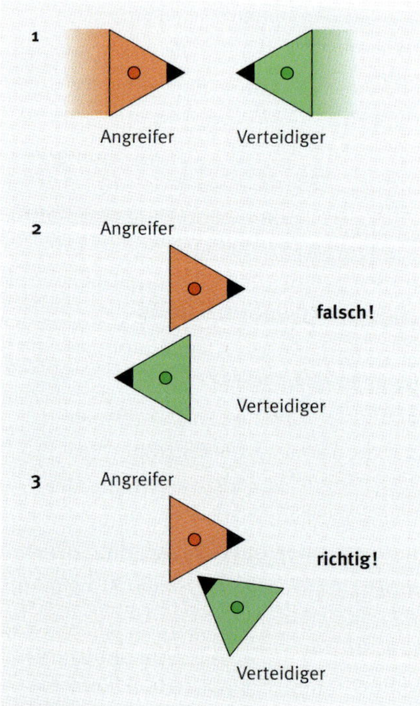

Erklärung zu obiger Skizze:

1 Angreifer und Verteidiger stehen sich gegenüber. Sie sind skizziert als Dreiecke mit einer Mittelachse.

2 Der Angreifer kommt nach vorn, der Verteidiger weicht aus und steht am Ende parallel zum Angreifer. Hier gibt es keinen Winkel zum Partner.

3 Am Ende steht der Verteidiger so, dass er auf die Mittelachse des Angreifers ausgerichtet ist. Die Bewegung wird korrekt. (Dies ist z. B. die Ausweichbewegung der Grundtechnik *ai-hanmi katate dori ikkyo omote waza* – Seite 64).

Keine Lücke

Dem Gegenüber keine Öffnung oder Lücke in der eigenen Position zu zeigen ist ein Grundprinzip jeder Kampfkunst.
Im Aikido ist damit Folgendes gemeint: Die Technik wird im Idealfall so ausgeführt, dass der Angreifer keine Gelegenheit bekommt, eine Gegentechnik oder einen Konter durchzuführen. Sobald der Verteidiger die Führung in der Technik übernimmt, darf es keine Lücke in seiner Bewegung mehr geben, die der Angreifer nutzen könnte.
Das bedeutet,

- dass bei einer Aikido-Bewegung kein unnötiges Risiko eingegangen werden soll;
- dass der Verteidiger den Winkel, wie er zum Partner steht, kontrolliert.

Im Idealfall lassen die Aikido-Techniken keine Kontermöglichkeiten zu. Das erklärt auch, warum es im Aikido keinen Wettkampf geben kann.
Das Prinzip, dem Gegenüber keine Lücke zu geben, ist durchaus auch psychologisch gemeint. Hier hängt es mit dem Prinzip der Integrität (Seite 19) zusammen. Der Verteidiger soll den Überblick behalten, sich nicht täuschen lassen und seine Emotionen beherrschen. Seine Emotionen genauso wie die Bewegungen des Körpers zu kontrollieren, ist ein zentrales Thema jeder Kampfkunst.

Kontakt

Das Prinzip des Kontaktes in den Aikido-Techniken ist ein fortgeschrittenes Prinzip. Alle bereits aufgezählten Prinzipien müssen berücksichtigt werden, damit das Gefühl des Kontaktes zum Partner entstehen kann. Alle Grundtechniken (Seite 63) sind deshalb auch ohne das Prinzip Kontakt möglich.
Das Prinzip besagt, dass Angreifer und Verteidiger sich gegenseitig über einen Kontaktpunkt kontrollieren können. Der Kontaktpunkt findet sich dabei meistens an den Händen oder Armen. Diese »kleben« zusammen, sobald sie sich berühren.
Angreifer und Verteidiger haben gleichermaßen Interesse daran, den Kontakt herzustellen. Dem Angreifer ermöglicht dies, die Bewegung mit zu kontrollieren. Der Verteidiger kann den Angriff abwehren, ohne dem Angreifer unnötig Schmerzen zuzufügen.
Da es sich besonders bei diesem Prinzip um eine Erfahrung bzw. um ein Gefühl in der Bewegung handelt, ist es theoretisch schwer zu erklären. Einige Vorübungen um dieses Bewegungsgefühl zu erlernen, werden auf Seite 50 vorgestellt.
Beide *Aikido-ka* kontrollieren sich über einen Kontaktpunkt. Die linke Person kann das Messer nicht benutzen, zwingt aber die rechte Person, den Kontakt zu

halten, um das Messer zu kontrollieren. Voraussetzung dafür ist: korrekte Distanz und korrekter Winkel zueinander, die korrekte Haltung beider und natürlich das Kontaktgefühl – beide Hände »kleben« zusammen.

Zentrum

In allen japanischen Kampfkünsten ist die Entwicklung eines starken Zentrums besonders wichtig. *Hara* ist das japanische Wort für Zentrum (sinngemäß übersetzt).

Schriftzeichen *Hara*

Es hat mindestens drei Bedeutungen:

- wörtlich: »Bauch« oder »Magen«
- Sitz der (Lebens-) Energie, des *Ki*
- der anatomische Mittelpunkt bzw. physikalische Schwerpunkt des Körpers

Anstelle der japanischen Bezeichnung hat sich im Aikido auch der Begriff der »stabilen Hüfte« eingebürgert. Eine zentrierte Bewegung oder eine Bewegung mit einem Zentrum, mit der Hüfte oder eben mit *hara*, zeichnet sich erst einmal dadurch aus, dass man stabil steht.
Die Position ist tief, die Knie sind gut gebeugt. Das erlaubt, geschmeidige und schnelle Bewegungen auszuführen. Der Oberkörper kann entspannt bleiben.
Alle Bewegungen spielen sich in einem »natürlichen Radius« ab. Die Hände sind vor der eigenen Mittelachse und über den Füßen.

Die Aikido-Techniken helfen, dieses Bewegungsgefühl zu erarbeiten – umgekehrt ermöglicht erst dieses Gefühl eine korrekte Aikido-Bewegung.

Haltung

Eng verbunden mit dem Begriff des Zentrums ist die korrekte Haltung.
Nur sie ermöglicht es, ein Zentrum zu entwickeln. Das japanische Wort für (korrekte) Haltung ist *shisei*.
Shisei zeichnet sich im Aikido durch eine entspannte und aufrechte Körperhaltung aus. Bei der Ausführung der Aikido-Technik wird der Körper weder gebeugt noch in eine Richtung verdreht, sondern bleibt aufrecht. Die Füße stehen hintereinander auf einer Linie, so als ob man normal gehen würde. Die Schultern kippen nicht nach vorn, sondern sind entspannt und etwas nach hinten gezogen (siehe Grundposition, Seite 34).

Schneiden

Aikido-Bewegungen hängen eng mit Schwert-Techniken zusammen. Dies betrifft sowohl die Körperhaltung und Position als auch das Gefühl, mit dem die Bewegungen ausgeführt werden. Hier gibt es in der Regel kein Drücken oder Ziehen. Die Bewegungen der Hände gleichen vielmehr dem Schneiden mit einem Schwert.

Vorübungen

Im folgenden Kapitel werden einfache Übungen mit und ohne Partner vorgestellt.
Damit im Training der Angreifer fallen kann, ohne sich zu verletzen, gibt es im Aikido eine Fallschule. Einfache Übungen kann man dabei ohne Partner durchführen.
Da Aikido auf Prinzipien beruht, gibt es Fußbewegungen, die immer wieder auftauchen. Die Basis-Fußbewegungen werden mit und ohne Partner gezeigt.

1

Verbeugung
rei

In allen Kampfkünsten existiert eine Etikette *(reigi)*. Sie gibt dem Aikido-Unterricht einen bestimmten Rahmen und ist Ausdruck des Respekts vor dem Übungspartner sowie vor dem Begründer des Aikido – Morihei Ueshiba. Äußerlich ist sie durch die Verbeugung *(rei)* gekennzeichnet. Verbeugen kann man sich im Knien und im Stehen.
Bei der Verbeugung im Stehen sind die Füße zusammen. Die Arme sind am Körper angelegt. Rücken und Kopf bilden eine Linie.

2

Bei der Verbeugung im Knien sitzt man auf den Fersen. Der Oberkörper ist aufrecht. Die Hände liegen entspannt auf den Oberschenkeln. Die Ellbogen sind am Körper. Die linke Hand wird zuerst auf die Matte gelegt, dann die rechte, beide treffen vor der Körpermitte zusammen. Rücken und Kopf bilden eine Linie. Das Gesäß bleibt auf den Fersen.

Fallschule

ukemi

Die Basis-Fallschule besteht im Aikido aus einem Abrollen über Gesäß und Rücken. Einige Aikido-Techniken lassen ausschließlich ein Vorwärtsrollen zu.

Rückwärts fallen

ushiro ukemi

Erste Übung:
Aufrecht stehen, das hintere Knie auf die Matte absetzen (Kniestand). Der Fußrücken ist dabei auf der Matte abgelegt. Jetzt über Gesäß und Rücken auf der

3

4

5

Matte abrollen, gleichzeitig mit einer Hand (Handinnenfläche) auf die Matte schlagen (wenn das rechte Knie abgelegt ist, mit der rechten Hand und umgekehrt). Über den Rücken abrollen, dabei mit der zweiten Hand auf die Matte schlagen. Die Füße schwingen nach oben. (Der Blickwinkel bei Bild 3 und 4 ist um 90° gedreht.) In umgekehrter Reihenfolge wieder aufstehen. Der Kopf berührt während der Rückwärtsbewegung nicht die Matte. Das Kinn ist zur Brust gezogen. Der Atem fließt und wird nicht angehalten.

Tipp:
Die Übung kann zu Beginn direkt aus dem Kniestand ausgeführt werden.

Zweite Übung:
Sie ist eine Variation der ersten Übung: Nach dem Abrollen auf Gesäß und Rücken setzt sich die Bewegung in einer seitlichen Rotation fort, wobei sich die Beine überkreuzen. Am Ende liegt man auf der Seite. Von Anfang bis Ende in eine Richtung schauen. In umgekehrter Reihenfolge wieder aufstehen.

Es gibt auch die Möglichkeit, eine vollständige Rückwärtsrolle zu machen. Diese gleicht der Vorwärtsrolle (nur in die umgekehrte Richtung) und wird deshalb nicht extra gezeigt.

Tipp:

Damit eine ganze Rolle entsteht, wie in der ersten Übung beginnen. Nach dem Abrollen auf das Gesäß das aufgestellte Knie hinter das Ohr ziehen und rückwärts rollen.

Vorwärts rollen

mae ukemi

Die Knie sind zum Vorwärtsrollen gut gebeugt. Ist das linke Bein vorn, wird über den linken Arm gerollt und umgekehrt. Die Handkante des Arms, über den gerollt wird, ist nach außen gedreht. Der Arm ist rund und stabil. Die Hand wird an der Innenseite des Fußes platziert. Jetzt etwas nach vorn abdrücken und über Arm und Rücken rollen. Der Kopf berührt nicht die Matte.

Tipp:
Die Vorwärtsrolle kann zunächst aus dem Kniestand geübt werden.

2

3

4

Spezielle Falltechniken

Zu den Falltechniken im Aikido gehören noch das so genannte fallende Blatt und das Löschblatt.

Fallendes Blatt

Aus einer dynamischen Vorwärtsbewegung werden Hüfte, Beine und Füße nach oben geschwungen. Beim Fallen berührt zunächst eine Hand die Matte. Von diesem Ausgangspunkt rollt man über den Arm, Schultergürtel bis zur anderen Hand ab. Dann erst berühren Gesäß und Füße die Matte. Der Kopf berührt nicht die Matte.

Löschblatt

Beide Hände werden auf der Matte abgelegt. Die Füße und der gesamte Körper werden nach oben gebracht. Dann langsam vom Oberkörper an bis zu den Füßen abrollen. Das Gesicht berührt nicht die Matte.

Beide Übungen gehören zu den fortgeschritteneren Falltechniken. Um die Grundtechniken im Aikido (ab Seite 63) ausführen zu können, werden sie nicht benötigt.

1

2

3

Wichtig: Gerade wenn man mit Aikido beginnt, ist es sinnvoll, eine tiefe Position zu wählen (siehe Zentrum, Seite 23). Die Füße sollten hierbei relativ weit auseinander stehen. Das vordere Knie ist gut gebeugt.

Stehen sich die *Aikido-ka* gegenüber, kann die Fußstellung zueinander diagonal *(ai hanmi)* oder spiegelsymmetrisch *(gyaku hanmi)* sein.

Grundposition

kamae

Für die Grundstellung *(kamae)* im Aikido stehen die Füße hintereinander auf einer Linie. Der Oberkörper ist aufgerichtet. Die Knie sind gebeugt. Für die Handstellung gibt es keine spezielle Position. Die Hände und Arme sind entspannt, aber nicht schlaff. Sie vermitteln das Gefühl, bereit zu sein.

ai-* und *gyaku-hanmi

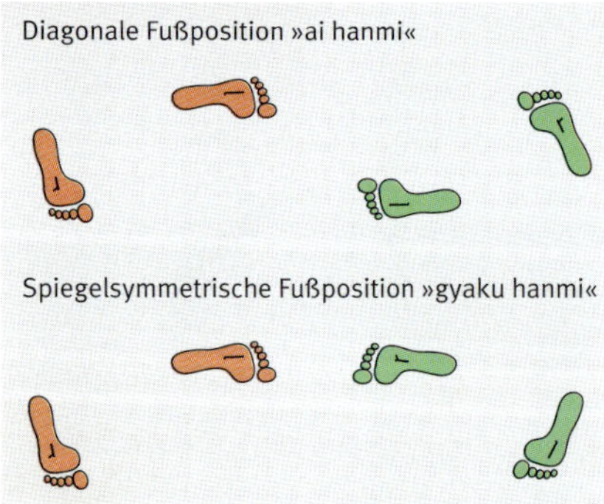

Grundbewegungen

Gezeigt werden hier die Schrittfolgen des Aikido. Sie tauchen in fast jeder Technik auf. Das heißt, wenn man sie einmal verstanden hat, erleichtert dies das Lernen des Aikido. Grundsätzlich können alle Bewegungen rechts sowie links ausgeführt werden. Hier wird immer nur eine Seite gezeigt.

Hineingehen – *irimi*

Eine fundamentale Bewegung im Aikido ist das direkte Hineingehen in den Angriff oder die Bewegung des Partners. Das japanische Wort dafür heißt *irimi* (siehe z. B. *shomen uchi irimi nage* ab Seite 90).
Die Fußbewegung dafür ist ein ganzer Schritt vorwärts (das hintere Bein kommt nach vorn). Möglich ist auch ein Gleit- bzw. Schiebeschritt vorwärts (die Beinstellung bleibt gleich).
Irimi ist aber nicht nur eine Bewegung, sondern beschreibt auch ein bestimmtes Bewegungsgefühl. Hinein- oder vorwärts gegangen wird ohne Zögern, ohne Angst, positiv. Dies verdeutlicht, dass der *Aikido-ka* nicht passiv oder (nur) defensiv ist.

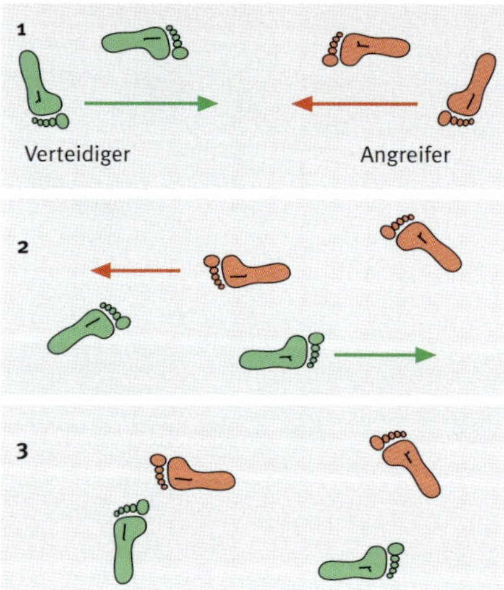

**Fuß-
bewegung
*irimi***

Angreifer und Verteidigerin stehen sich gegenüber. Der Angreifer (rechts) macht einen Schritt und versucht, die Verteidigerin vor den Oberkörper zu stoßen. Die Verteidigerin (links) macht einen Schritt vorwärts. In dem Moment, in dem der Angreifer seine stärkste Vorwärtsbewegung hat, gleitet der Körper der Verteidigerin so eng wie möglich an der Hand des Angreifers vorbei. Die Bewegungen erfolgen nahezu gleichzeitig. Die Verteidigerin lässt den Angreifer auf seiner Angriffslinie. Sie muss ihre Hände nicht benutzen und schiebt den Angreifer nicht zur Seite.

Wichtig: Die Knie bleiben während der gesamten Bewegung flexibel und gebeugt. Der Oberkörper bleibt aufrecht. Wenn die Bewegung zum Stillstand kommt, stehen beide Partner wieder stabil. Damit die eigene Stabilität wahrgenommen werden kann, sollte in diesem Moment eine kurze Pause eingelegt werden.

Tipp:

Auch wenn die Bewegung zunächst langsam geübt wird, soll der Angreifer eine gerade und klare Bewegung nach vorn machen.

Drehen
tenkan

Ergänzend zu *irimi* ist dies die zweite Schrittfolge: *tenkan*. Dabei dreht sich der *Aikido-ka* auf dem vorderen Fuß um 180 Grad. Die Bewegungsenergie eines Angriffs kann so sicher und ökonomisch aufgenommen werden.

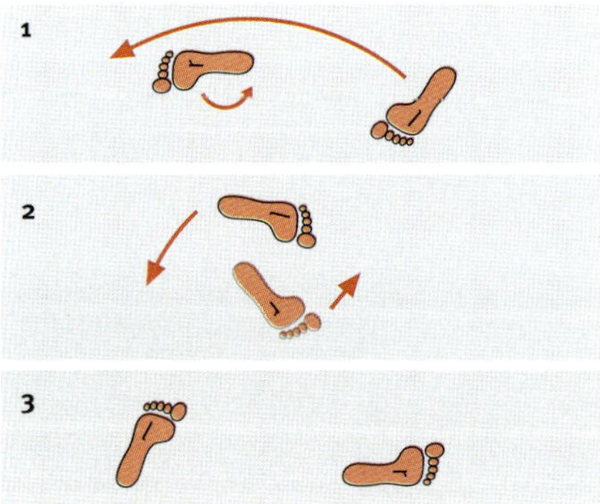

Fuß-bewegung *tenkan*

Die Bewegung ohne Partner
Aufrecht stehen. Die Füße stehen auf einer Linie, die Knie sind gebeugt. Um den vorderen Fuß rückwärts drehen. **Wichtig:** Der Fuß, der um die Achse nach hinten dreht, macht eine möglichst geradlinige Bewegung zurück (keinen Halbkreis). Die Drehung beträgt genau 180 Grad. Nach der Drehung wieder eine Pause einlegen und stabil stehen.

Tipp:
Die Drehung wird einfacher, wenn man mit den Augen möglichst schnell wieder einen Punkt fixiert.

3

Die Bewegung mit Partner(in)

Die Angreiferin hält das Handgelenk fest.

Alle vier Füße stehen auf einer Linie. Der Verteidiger gleitet mit dem vorderen Fuß etwas nach vorn und verlässt die Linie. Er beginnt, rückwärts zu drehen. Die Handinnenfläche der gegriffenen Hand zeigt nach oben und bleibt eng am Körper. Am Ende wieder eine Pause einlegen und stabil stehen.

Tipp:

Als Angreifer nicht ziehen und nicht drücken. Am Anfang nicht zu stark festhalten. Der Griff soll gut geschlossen sein, aber Arme und Schultern bleiben locker und flexibel.

2

3

Hineingehen und drehen
tai sabaki

Mit dem japanischen Ausdruck *tai sabaki* ist im Aikido eine Bewegung gemeint, die sich aus *irimi* und *tenkan* zusammensetzt.
Der Übende geht in den Angriff hinein und dreht danach. Die Idee ist dabei, dem Angriff auszuweichen, ohne wegzulaufen.
Gleichzeitig mit der Drehung wird der Angriff aufgenommen. Der Verteidiger kann jetzt den Angriff in viele Richtungen weiterführen.

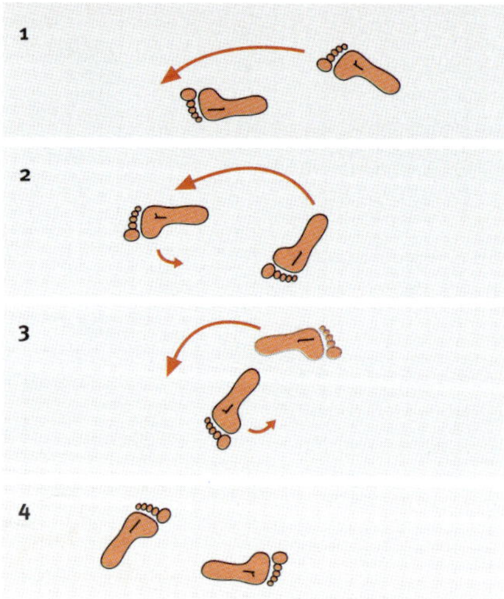

Fußbewegung *tai sabaki*

Die Bewegung ohne Partner

Aufrecht stehen, die Knie sind gebeugt, die Hände befinden sich auf Höhe der Hüfte, die Füße sind auf einer Linie. Wie bei *irimi* ein Schritt nach vorn, dann wie bei *tenkan* auf dem vorderen Fuß um 180 Grad drehen. Der Oberkörper bleibt während der gesamten Bewegung aufrecht und ruhig.

Die Bewegung sollte am Anfang möglichst auf einer Linie ausgeführt werden. Damit lernt man genau zu drehen. Wenn man die Bewegung einmal verstanden hat, kann man der Drehung mehr »Schärfe« und Entschiedenheit geben.

Tipp:

Die Bewegung sieht kreisförmig aus. Die Fußbewegung ist aber gerade. Die Füße beschreiben keinen Halbkreis, sondern bewegen sich auf einer Linie.

3

4

1

Die Bewegung mit Partner(in)

Sie ist als Übung zu verstehen, es gibt jetzt also noch keinen Angreifer. Die Partner stehen sich diagonal gegenüber, die Hände über Kreuz. Alle vier Füße stehen auf einer Linie. *Tai sabaki* wird jetzt leicht seitlich am Gegenüber vorbei ausgeführt.

Einen Schritt vorwärts gehen, dann wieder auf dem vorderen Fuß rückwärts drehen. Den Partner neutral stehen lassen.

2

3

4

Hüfte drehen

tai no henka

Fuß-bewegung *tai no henka*

Mit *irimi*, *tenkan* und *tai sabaki* kann man schon fast alle Grundtechniken (ab Seite 63) ausführen. Eine weitere Grundbewegung ist die Drehung der Hüfte und Füße, ohne dass dabei die Beinposition verändert wird. Die japanische Bezeichnung ist *tai no henka*.

Die Bewegung ohne Partner

Die Füße stehen auf einer Linie, Oberkörper aufrecht, Knie gebeugt. Die Hüfte wird um 180 Grad gedreht. Auch die Füße drehen sich, die Beinstellung bleibt (im Gegensatz zu *tenkan*) erhalten. Versuchen, beide Füße gleichzeitig zu drehen. Nach der Drehung eine Pause einlegen und stabil stehen.

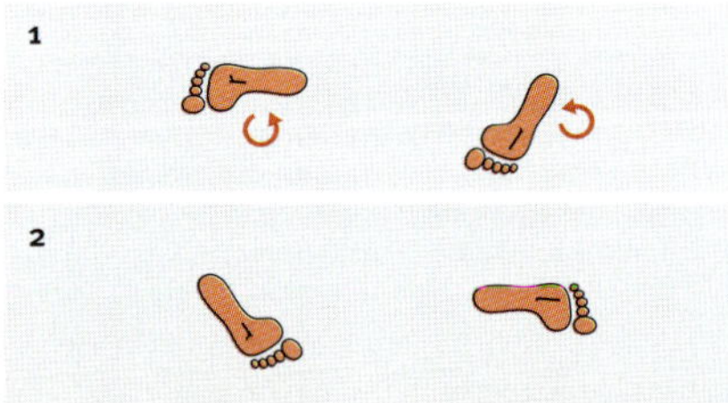

Die Bewegung mit Partner(in)

Die Angreiferin hält das Handgelenk fest. Der Verteidiger gleitet etwas nach vorn an der Angreiferin vorbei. Dann die Hüfte um 180 Grad drehen. Die gegriffene Hand bleibt eng am Körper. Die Handinnenfläche zeigt nach oben.

Gleitschritte
tsugi ashi

Außer den bereits angeführten (Dreh-)Bewegungen werden im Aikido häufig Gleitschritte benutzt. Gleitschritt (oder Schiebeschritt) heißt: Der hintere Fuß drückt nach vorn. Der vordere Fuß schiebt nach vorn. Der hintere wird dann nachgezogen. Die Beinstellung bleibt erhalten, die Knie sind gebeugt.
Gleitschritte stehen oft am Beginn einer Bewegung. Sie sind notwendig, um von der direkten Linie zum Angreifer hinauszugeleiten (z. B. bei *tenkan*). Gleitschritte dienen auch dazu, die Distanz zum Angreifer zu korrigieren.

1

Bewegung im Knien
shikko

Im Aikido kann man viele Grundtechniken auch im Knien durchführen (ab Seite 106). Durch diese Techniken bekommt man ein gutes Gefühl für ein stabiles Zentrum und eine tiefe Bewegung. Fehler, die man im Stehen machen kann, ohne dass sie auffällig werden, sind auf Knien schnell offensichtlich (z. B. kein aufrechter Oberkörper). Gleichzeitig trainiert man die Beinmuskulatur. Der japanische Name für das Gehen im Knien ist *shikko*.
Die Zehen sind aufgestellt. Das Gesäß ruht auf den Fersen. Ein Knie ist vorn. Jetzt wird zunächst das hintere Knie nach vorn aufgestellt. Dabei die Fersen immer unter das Gesäß ziehen. Jetzt das

Knie nach vorn absetzen und wieder das hintere Knie nach vorn aufstellen usw. Den Oberkörper aufrecht lassen und nicht pendeln.

Tipp:
Die Knie nicht hart absetzen, sondern mit der Idee üben: Die Knie berühren kaum die Matte. Sobald ein Knie abgesetzt wurde, kommt schon das hintere wieder nach vorn. So entsteht eine gleitende Vorwärtsbewegung.

Kontakt halten

Hier werden Übungen gezeigt, mit denen man das Prinzip des Kontakts (Seite 21) erlernen kann. Sie sollen helfen, außerhalb der eigentlichen Aikido-Techniken ein bestimmtes Bewegungsgefühl zu entwickeln.

Erste Übung:
Die Übenden stehen sich diagonal gegenüber, die Hände sind über Kreuz, sodass die Handrücken zueinander zeigen. Die Knie sind gebeugt, der Oberkörper aufrecht. Die vorderen Füße der Übenden stehen nebeneinander, sodass jeder den Kopf des Gegenübers erreichen kann.
Die Hände »kleben« an der Kontaktfläche zusammen. In einer horizontalen Kreisbewegung versuchen beide, abwechselnd den Kopf des anderen zu erreichen. Beide versuchen, die Bewegung nicht zu blockieren, sondern laufen zu lassen. Kurz bevor man getroffen wird, lenkt man die Bewegung zur Seite zurück zum Gegenüber.

Tipp:
Der Muskeltonus der Arme ist weder schlaff noch steif. Die Schultern bleiben unten.

Zweite Übung:
Gleiche Ausgangsposition wie bei der ersten Übung, aber alle vier Füße stehen auf einer Linie (die Distanz ist jetzt so, dass man den Kopf des Gegenüber nicht erreichen kann). Einer führt den Partner nach vorn oder zurück, der andere versucht, den Kontakt an den Händen nicht zu verlieren und zu folgen.

Dritte Übung:
Gleiche Ausgangsposition wie bei der zweiten Übung, aber die Handflächen liegen aufeinander. Die Hand, die oben ist, weist zum Hals des Gegenübers. Die Hand, die unten ist, »sucht den Kontakt«, um die Bewegung zu kontrollieren. Der, dessen Hand oben ist, übernimmt die Führung der Bewegung bzw. kontrolliert den Kontakt.

Tipp:
Von oben nicht auf die Hand drücken, welche unten ist.

Wie wird geübt?

In diesem Kapitel soll erklärt werden, wie Aikido geübt wird.

Angreifer/Verteidiger
Uke/Tori

Mit *Uke* wird im Aikido der Angreifer bezeichnet. Wer angreift, gibt *ukemi*. Auf der anderen Seite gibt es denjenigen, der die Aikido-Technik ausführt und sich verteidigt. Er wird *Tori* oder *Nage* genannt. Geübt wird so, dass *Uke* im Wechsel rechts und links angreift. Nach in der Regel viermaligem Angreifen wechseln die Rollen. Der Angreifer wird zum Verteidiger und umgekehrt.
Der ständige Rollenwechsel während des Übens führt dazu, dass sich die Vorstellung von Gewinnen und Verlieren relativiert. *Uke* und *Tori* üben zusammen und entwickeln sich gemeinsam weiter.
Uke kommt dabei eine wichtige Rolle zu. Nur wenn er korrekt angreift, kann *Tori* hinzulernen. Schließlich kann man mit den eigentlichen Aikido-Techniken nicht angreifen. Deshalb gilt: kein Angriff – keine Aikido-Technik!
Für das korrekte Angreifen gibt es dabei genauso eine Technik wie für die eigentlichen Aikido-Bewegungen.
Gerade für Anfänger bedeutet »korrekt« nicht, dass der Angriff sehr stark sein muss. Er sollte vielmehr entspannt und sehr klar in seiner Ausführung sein. Angriffe, bei denen gefasst wird, ermöglichen es gerade Anfängern, langsam die Aikido-Techniken zu erlernen.

Basis-Angriffe

Im Aikido gibt es eine breite Palette an Angriffen. Die Idee dahinter ist, eine möglichst große Auswahl unterschiedlicher Bewegungsmöglichkeiten kennen zu lernen. Die Prinzipien des Aikido werden anhand verschiedenster Bewegungsabläufe studiert. Jeder Angriff – greifen, schlagen, treten, Angriffe von vorn und von hinten – liefert dabei andere Aspekte. Im Prinzip kann dabei fast jeder Angriff mit fast jeder Aikido-Technik kombiniert werden. Der Aikido-Übende lernt so eine große Vielfalt an Möglichkeiten kennen. Dies soll ermöglichen, im Laufe der Zeit diesen großen Erfahrungsschatz wieder auf wenige Grundprinzipien zu reduzieren (Seite 18). Diese ruhen dann aber auf der Kenntnis vieler verschiedener Bewegungen.
Die Fußstellung von *Uke* und *Tori* zueinander kann spiegelsymmetrisch oder diagonal sein (s. Seite 34). Manche Angriffe erlauben beide Fußstellungen. Bei Angriffen von hinten stehen *Uke* und *Tori* in der Endposition mit demselben Bein vorn. Bei *ushiro eri dori* und *ushiro katate dori kubi shime* (s. Seite 57) sind auch ungleiche Endpositionen möglich.

Greifen von vorn

Japanischer Name: ***ai hanmi katate dori***

- **Das Handgelenk diagonal greifen**
- **Fußstellung: diagonal**

Japanischer Name: ***ryote dori***

- **Beide Handgelenke greifen**
- **Fußstellung: spiegelsymmetrisch**

Japanischer Name: ***gyaku hanmi katate dori***

- **Das Handgelenk spiegelsymmetrisch greifen**
- **Fußstellung: spiegelsymmetrisch**

Japanischer Name: ***ryo hiji dori***

- **Beide Ellbogen greifen**
- **Fußstellung: diagonal**

Japanischer Name: *ryo kata dori*

➤ Den Anzug auf Schulterhöhe an beiden Schultern greifen

➤ Fußstellung: diagonal

Japanischer Name: *kata dori (men uchi)*

➤ Den Anzug auf Schulterhöhe greifen (mit der anderen Hand zum Kopf schlagen)

➤ Fußstellung: spiegelsymmetrisch

Japanischer Name: *katate ryote dori* oder *morote dori*

➤ Mit beiden Händen ein Handgelenk/Unterarm greifen

➤ Fußstellung: spiegelsymmetrisch

Japanischer Name: *muna dori*

➤ Den Anzug auf Brusthöhe greifen

➤ Fußstellung: diagonal

Schlagen

Japanischer Name: *shomen uchi*

- Gerader Schlag von oben auf den Kopf
- Fußstellung: diagonal

Japanischer Name: *chudan tsuki*

- Schlag mit der Faust zum Bauch
- Fußstellung: spiegelsymmetrisch und diagonal

Japanischer Name: *yokomen uchi*

- Seitlicher Schlag von oben zum Kopf
- Fußstellung: spiegelsymmetrisch

Japanischer Name: *jodan tsuki*

- Schlag mit der Faust zum Gesicht
- Fußstellung: spiegelsymmetrisch und diagonal

Tritte

Japanischer Name: ***mae geri***

- **Gerader Tritt zum Bauch**
- **Fußstellung: spiegelsymmetrisch und diagonal**

Japanischer Name: ***mawashi geri***

- **Seitlicher Fußtritt**
- **Fußstellung: spiegelsymmetrisch und diagonal**

Greifen von hinten

Japanischer Name: ***ushiro ryote dori***

- **Beide Handgelenke greifen**

Japanischer Name: ***ushiro ryo hiji dori***

- **Beide Ellbogen greifen**

Japanischer Name: ***ushiro ryo kata dori***

➤ **Den Anzug auf Schulterhöhe an beiden Schultern greifen**

Japanischer Name: ***ushiro katate dori kubi shime***

➤ **Ein Handgelenk greifen, mit der anderen Hand würgen**

Japanischer Name: ***ushiro eri dori***

➤ **Mit einer Hand in den Kragen greifen**

Dieser Basiskanon kann im Prinzip durch jegliche Angriffe mit und ohne Waffen erweitert werden. Das heißt, die Angriffe sind z. B. auch kombinierbar – ein Handgelenk greifen und mit der anderen Hand schlagen usw.

Grundtechniken

kihon no waza

Im Aikido gibt es einen bestimmten Kanon an Grundtechniken (japanisch *kihon no waza)*. Diese werden ausführlich ab Seite 63 dargestellt. Man unterscheidet Haltetechniken *(katame waza)* und Wurftechniken *(nage waza)*.

Die Haltetechniken

Sie werden einfach nach den japanischen Zahlen bezeichnet: *ikkyo* (erste Lehre), *nikkyo* (zweite Lehre), *sankyo, yonkyo, gokyo*. Sie alle enden damit, dass der Angreifer auf dem Bauch am Boden liegt und dort fixiert wird. *Ikkyo* stellt dabei die wichtigste Haltetechnik dar. Ziel ist es, durch eine Kontrolle der Längsachse des Angreifers diesen zu beherrschen. Der Arm des Angreifers wird dabei am Ellbogen und Handgelenk (oberhalb der Handinnenfläche) gegriffen und zu Boden geführt. Die folgenden Haltetechniken (*nikkyo* usw.) können entweder für sich allein betrachtet werden oder auch als zusätzliche Kontrollmöglichkeit, die zum Einsatz kommt, wenn *ikkyo* nicht oder nur unzureichend funktioniert.

Die Wurftechniken

Sie wirken im Aikido u. a. über Hebel an Genick, Handgelenk, Ellbogen oder Schulter. Es gibt auch Würfe, die ausschließlich durch das Ausnutzen der Angriffsenergie wirken. Wurf- und Haltetechniken sind auch kombinierbar *(nage katame waza)*.

Kote Gaeshi

Um die Grenzen dieses Buches nicht zu sprengen, wird auf die Darstellung folgender Techniken verzichtet:

- Variationen der Grundtechniken
- Wurftechniken, die allein durch die Dynamik wirken
- Gegen- oder Konter-Techniken
- Techniken gegen einen Angriff mit dem Stock oder Schwert
- Techniken, bei denen Angreifer und Verteidiger einen Stock/ein Schwert haben
- Techniken gegen mehrere Angreifer

Vorder-/Rückseite
omote/ura

Viele Techniken lassen sich sowohl auf der Vorderseite als auch auf der Rückseite des Angreifers anwenden. Dies gilt vor allem für die Haltetechniken. Die japanische Bezeichnung für Bewegungen vor dem Angreifer ist *omote* (wörtlich: Vorderseite). Bewegungen hinter dem Angreifer werden mit *ura* (wörtlich: Rückseite) bezeichnet. Mittlerweile spricht man auch von negativer *(ura)* oder positiver *(omote)* Technik. Dies bezieht sich dann lediglich auf die Bewegungsrichtung.

Lernphasen

Im Aikido können klar drei Lernphasen unterschieden werden: Statik, Dynamik und Aikido.

1. Lernphase: Statik

Man beginnt mit einer statischen Konstruktion der Technik. Angreifer und Verteidiger bewegen sich in dieser Phase nicht dynamisch miteinander, sondern die Bewegungen werden erlernt. Sie können zu Übungszwecken auch langsam ausgeführt werden. Im Grunde gibt es in dieser Phase keinen wirklichen Angreifer, sondern er stellt lediglich einen Bezugspunkt für den Verteidiger dar. Dieser hat jetzt die Möglichkeit, die Aikido-Techniken Schritt für Schritt zu erlernen.
Der Verteidiger führt die kompletten Bewegungen aus, der Angreifer lässt die Bewegungen zu. Seine Aufgabe in dieser Phase ist es, sich zu entspannen und so angenehm wie möglich nach unten auf die Matte zu kommen.

2. Lernphase: Dynamik

Jetzt werden die Bewegungen dynamischer. Der Angreifer bewegt sich mehr und schlägt oder greift aus der Dynamik. In der Regel macht der Angreifer dabei immer einen Schritt vorwärts, um den Verteidiger zu erreichen (siehe Distanz, Seite 19). Angreifer und Verteidiger lernen in dieser Phase, sich gemeinsam zu bewegen.
Hier entwickelt sich durch das Üben ein Gefühl für harmonische Bewegungen und für ein stabiles Zentrum. Der Angreifer nimmt seine Rolle ernst, akzeptiert

aber, dass sein Angriff vom Verteidiger aufgenommen und in eine Technik umgewandelt wird. In gewisser Weise verhält er sich neutral, bleibt aber vom Bewusstsein her trotzdem Angreifer und positioniert sich dementsprechend.
Die Aikido-Bewegungen gehorchen hier der Logik einer Kampfkunst (nicht denen eines Wettkampfs oder einer Gymnastik). Angreifer und Verteidiger machen in dieser Phase jeder 50 Prozent der Bewegung.

Wichtiger Hinweis
In diesem Buch werden alle ab Seite 63 vorgestellten Grundtechniken in der ersten oder zweiten Phase gezeigt.

3. Lernphase: Aikido

Die dritte Phase ist das Gegenteil der ersten Phase. Der Schlag oder Griff des Angreifers ist jetzt voll entwickelt. Die Aufgabe des Verteidigers ist, diesen voll entwickelten Angriff aufzunehmen und gleichzeitig das Zentrum der Bewegung zu werden.
Im Idealfall kontrolliert der Verteidiger sofort die Mittelachse des Angreifers und bricht sein Gleichgewicht. So erhält der Angreifer keine Möglichkeit mehr, einen zweiten Angriff auszuführen.

Im normalen Aikido-Unterricht wird man eine strikte Unterteilung der genannten Phasen nicht finden. Fortgeschrittene üben manchmal in der ersten Phase. So können sie die Konstruktion ihrer Technik auf Korrektheit überprüfen. Anfänger üben manchmal schon in der zweiten Phase, obwohl sie die Bewegungen kaum in der Statik ausführen können.
Die erste und zweite Phase sind dabei – streng genommen – noch keine Aikido-Bewegungen. In der ersten Phase gibt es keine Angriffsenergie, mit der der Verteidiger zusammenkommen könnte. In der zweiten Phase machen sowohl Angreifer als auch Verteidiger die Hälfte der Technik. Diese zwei Phasen sind »auf dem Weg zu« den Aikido-Bewegungen der dritten Phase.
Die Phasen der Statik und Dynamik bleiben aber notwendige Abschnitte auf dem Weg, Aikido zu erlernen, um vielleicht einmal selbst das Zentrum der Bewegung zu sein.

Konstruktion

Konstruktion ist das Thema der ersten und zweiten Phase. Im Vordergrund steht das Erlernen des formalen Ablaufs der Technik. Jede Technik hat genau festgelegte Fußbewegungen und Handwechsel. Dabei folgen alle Techniken demselben Ablauf:
- ausweichen
- sich selbst platzieren
- agieren

Der Verteidiger weicht dem Angriff aus (oder nimmt diesen vorweg, bevor er

richtig wirken kann) und platziert sich in einem für ihn günstigen Winkel zum Angreifer, sodass er ihn kontrolliert (siehe Achse und Winkel, Seite 20).
Ausweichen darf dabei nicht mit Weglaufen verwechselt werden. Vielmehr sind die Aikido-Bewegungen so konstruiert, dass der Verteidiger im ersten Moment des Ausweichens die Bewegung durch einen Schlag oder Tritt beenden könnte. Im Aikido wird auf diese Möglichkeit aber bewusst verzichtet (deshalb »Kampfkunst des Verzeihens«). Aikido heißt also Agieren aus der Stärke (siehe Ausführungen zu *irimi*, Seite 35).
Nach der richtigen Platzierung kommt die Aikido-Technik zum Einsatz. Der Angreifer wird aus dem Gleichgewicht gebracht und in eine Haltetechnik geführt oder geworfen.
Das Üben von Aikido im Rahmen der Konstruktion führt – außer zu der richtigen Hand- und Fußbewegung – auch zu einem tiefen und sicheren Stand sowie zu einer aufrechten Körperhaltung. Mit anderen Worten: Man entwickelt ein Vertrauen in seine eigene Position.
Um die Angst vor einem Angriff zu verlieren und ein besseres Gefühl für die Distanz zum Angreifer zu entwickeln, lernt man in den ersten beiden Phasen die Hände und Arme als »Schild« oder »Abstandhalter« einzusetzen. So lernt man z. B. einen Schlag anzuhalten (etwa bei der Technik *yokomen uchi gokyo*, ab Seite 80). Dabei ist das Ziel, jeden Schlag oder jeden Angreifer im Zweifelsfall auf Distanz halten zu können bzw. seinen Schlag oder Tritt zu stoppen.
Dieses Element der Konstruktion verliert in der dritten Phase zunehmend an Bedeutung. Aber nur mit dem Selbstvertrauen, einen Angriff wirklich anhalten zu können, werden zunehmend entspannte und souveräne Bewegungen möglich, wie sie für die dritte Phase typisch sind.
Ein hilfreiches Mittel bei der Bestimmung der korrekten Distanz zum Angreifer ist das so genannte *atemi*. Wörtlich bedeutet dies etwa »den Körper treffen«. Gemeint sind damit Schlagbewegungen, die während einer Aikido-Technik vom Verteidiger eingesetzt werden (können). Die Distanz ist immer dann korrekt, wenn sie es erlaubt, den Angreifer mit einem *atemi* zu treffen.
Erst aus der Sicherheit einer korrekten Konstruktion entstehen wirksame Aikido-Techniken, die es erlauben, Arme und Hände flexibel zu gebrauchen. Es können sich schließlich geschmeidige und natürlich-fließende Bewegungen entwickeln.

Ideale Technik – Anwendung

Im Aikido wird unterschieden zwischen idealen Techniken und dem Bereich der Anwendung dieser Technik.

Lehrgang mit Christian Tissier in Paris

Ideale Technik

- Das Training ist größtenteils durch das Erlernen der idealen Technik bestimmt.
- Die Konstruktion wird durch ständiges Üben perfektioniert.
- Der Übende durchläuft die unterschiedlichen Lernphasen.
- Die Prinzipien (ab Seite 18) werden immer mehr in die Aikido-Techniken integriert.

Anwendung

- Resultat dieser Lernprozesse ist auch der Bereich einer direkten Anwendung. Sie sind sehr stark situationsabhängig.
- Hier werden die Aikido-Techniken so weit auf das Essenzielle reduziert, dass sie direkter und noch effektiver werden.
- Das Studium der Prinzipien tritt dafür in den Hintergrund – sie werden jetzt angewendet.
- In den Anwendungen offenbart sich die Herkunft der Aikido-Techniken als praxisorientierte Selbtsverteidigungstechniken (siehe Geschichte, Seite 120).

Grundtechniken
kihon no waza

Grundsätzliches

1 In diesem Kapitel werden Schritt für Schritt alle Grundtechniken des Aikido in der einfachsten Möglichkeit ihrer Ausführung gezeigt. Bei jeder Technik wird gesondert auf ein wichtiges oder charakteristisches Detail hingewiesen.

2 Die Techniken werden aus verschiedenen Angriffsformen gezeigt, da manche Techniken aus bestimmten Angriffen einfacher zu erlernen sind. Wenn als Angriff gefasst wird, beginnt die Bewegung aus der Statik. Wird als Angriff geschlagen, beginnt sie aus der Dynamik.

3 Die japanischen Bezeichnungen der Angriffe und Techniken werden beibehalten und ihre Wortbedeutung kurz im Text erklärt. Begonnen wird dabei immer mit dem Angriff, dann folgt die eigentliche Technik und (wenn nötig) die Angabe, ob sie vor oder hinter dem Angreifer ausgeführt wird.

4 Der Angreifer wird ab jetzt als *Uke,* der Verteidiger als *Tori* bezeichnet.
Alle Techniken lassen sich sowohl links als auch rechts ausführen – gezeigt wird jeweils nur eine Seite.

5 Im Aikido gibt es drei Formen, die Techniken auszuführen:

- *Tori* und *Uke* stehen (*tachi waza*)
- *Tori* und *Uke* knien (*suwari waza*)
- *Tori* kniet und *Uke* steht (*hanmi handachi waza*)

Allerdings lassen sich nicht alle Techniken in *suwari waza* oder *hanmi handachi waza* ausführen.

6 Alle Techniken werden in *tachi waza* gezeigt. Beispielhaft werden zusätzlich jeweils zwei Techniken in *suwari waza* und *hanmi handachi waza* erklärt.

Haltetechniken
katame waza

Begonnen wird mit den Haltetechniken des Aikido. Sie enden alle so, dass der Angreifer am Ende der Technik auf dem Bauch liegt und am Boden fixiert wird. Für alle Haltetechniken gilt dabei: *Uke* lernt, locker und entspannt zu bleiben. Er legt sich nicht von selber hin, blockiert aber auch nicht die Bewegung. So kann *Tori* seine Technik lernen, und *Uke* lernt, angenehm und unversehrt auf die Matte zu kommen.
Mit Ausnahme der ersten Haltetechnik kommen bei den gezeigten Techniken Hebel zum Einsatz, um *Uke* nach unten zu bringen oder am Boden zu fixieren. Wenn diese zu unangenehm werden, schlägt *Uke* mit der freien Hand auf die Matte. Dies ist das Zeichen für *Tori,* mit dem Hebel nachzulassen, um *Uke* nicht zu verletzen.

ai hanmi katate dori ikkyo omote und ura waza

Übersetzung: diagonal das Handgelenk greifen – erste Haltetechnik – vor und hinter ***Uke***

Uke und *Tori* stehen sich in diagonaler Ausgangsposition gegenüber. *Uke* greift diagonal das Handgelenk von *Tori*. Dabei ist die Hand von *Tori* so gedreht, dass der Daumen nach unten und die Handkante nach oben zeigt.

Ausführung vor (*omote*) *Uke*

Tori bringt seinen gegriffenen Arm in einer kreisförmigen Bewegung nach oben (in Richtung der Finger von *Uke*). Seine Handkante zeigt jetzt zum Kopf von *Uke*. Diese Bewegung bezeichnet man auch als »Öffnen«. Gleichzeitig mit dem Öffnen der Bewegung verlässt *Tori* die Linie, und zwar so, dass er auf die Mittelachse von *Uke* ausgerichtet ist. Dafür geht der hintere Fuß etwas mehr hinaus. Wenn das rechte Bein vorn ist, verlässt er die Linie nach rechts und umgekehrt. Mit dem Verlassen der Linie greift *Tori* den Ellbogen von *Uke*. Nachdem *Tori* sich gut platziert hat, beginnt er, seine Arme nach unten zu bringen, gleichzeitig macht er einen Schritt vorwärts. Mit der Bewegung nach unten greift *Tori* zusätzlich das Handgelenk von *Uke* oberhalb der Handinnenfläche. *Uke* gibt der Bewegung nach – seine Beinstellung bleibt erhalten. Wenn *Tori* mit rechts angefangen hat, ist jetzt das linke Bein vorn und umgekehrt.
Tori bringt jetzt sein rechtes Bein mit dem linken zusammen. Um *Uke* auf den Boden zu bringen, geht er mit dem rechten Bein in diagonaler Bewegungsrichtung nach vorn außen und schließt mit dem linken Bein auf. Dabei kontrolliert er den Arm von *Uke*.
Tori kniet sich hin und platziert sein linkes Knie an die Schulter von *Uke*, das rechte auf Höhe des Handgelenks. *Tori* kontrolliert weiter Ellbogen und Handgelenk von *Uke*. Er hat die Fersen zusammen, die Zehen sind aufgestellt, das Gesäß ruht auf den Fersen.

2

3

4

Detail

5

Ausführung hinter (*ura*) *Uke*

Die Ausgangsposition ist die gleiche wie bei *omote* (Seite 64).

Mit dem Öffnen der Bewegung geht *Tori* jetzt aber einen Schritt vorwärts hinter *Uke* und greift mit der freien Hand den Ellbogen. Dann dreht *Tori* um den vorderen Fuß 180 Grad rückwärts *(tai sabaki)*. Gleichzeitig bewegt er die Hände nach unten.

Mit der Bewegung nach unten greift *Tori* zusätzlich das Handgelenk von *Uke* oberhalb der Handinnenfläche. *Tori*

kann jetzt mit dem rechten Bein noch etwas rückwärts gleiten, um *Uke* endgültig mit dem Bauch auf den Boden zu legen. Die Haltetechnik endet, wie bei *omote* beschrieben.

Tipp:
Bei *omote* und *ura* gut den Ellbogen von *Uke* greifen. Dann nicht schieben oder drücken, sondern die Vorstellung von Schließen oder Schneiden entwickeln.

Detail:
Für *ikkyo* ist entscheidend, dass sowohl bei der *omote*- als auch bei der *ura*-Ausführung *Uke* über den Griff am Ellbogen und Handgelenk kontrolliert wird.
Der Griff ist dabei fest, aber nicht steif. Die Daumen sind immer den Fingern gegenübergestellt. Zwischen den Handinnenflächen und dem gegriffenen Arm ist keine Lücke. Der Griff am Handgelenk des *Uke* ist immer oberhalb der Handinnenfläche von *Uke*.

Endposition für *ikkyo* omote* und *ura*

kata dori nikkyo ura waza

Übersetzung: die Schulter greifen – zweite Haltetechnik – hinter ***Uke***

Wichtig: Mit dieser Technik soll ein Hebel vorgestellt werden, der Anfängern oft Probleme bereitet. Deshalb wird nur die Form *ura* gezeigt.

1

4

Uke und *Tori* stehen sich in spiegelsymmetrischer Ausgangsposition gegenüber. *Uke* greift spiegelsymmetrisch die Jacke von *Tori* auf Höhe der Schulter.
Wenn das rechte Bein von *Tori* vorn ist, gleitet dieser nach rechts vorn, etwa auf die Höhe von *Ukes* Schulter. Die linke Hand kontrolliert dabei die Distanz zu *Uke (atemi)*.
Dann dreht *Tori* um den vorderen Fuß 90 Grad nach außen (*tenkan* aber nur 90 Grad). Gleichzeitig greift *Tori* mit links *Ukes* Hand an seiner Schulter und dreht diese herum. *Toris* rechte Hand fasst das Handgelenk von *Uke,* sodass der Unterarm von *Tori* auf dem Unterarm von *Uke* liegt.
Uke dreht sich ebenfalls, und zwar so, dass sich beide wieder gegenüber stehen. Bei dieser Bewegung entsteht eine Hebelwirkung am Handgelenk von *Uke.*
Tori benutzt nun den Hebel am Handgelenk und Ellbogen von *Uke*, indem er tief in die Knie geht und mit seinem Unterarm und Ellbogen auf den Unterarm und Ellbogen von *Uke* Druck ausübt.

Tipp:
Wenn *Tori* den Hebel an der Schulter ansetzt, soll *Uke* seinen Arm entspannt lassen. Der Arm ist nicht gestreckt. Ober- und Unterarm sind angewinkelt (etwa 90 Grad).

Uke gibt der Bewegung nach, indem er sein hinteres Knie auf die Matte stützt, die Zehen bleiben dabei aufgestellt. Das Gesäß geht auf die hintere Ferse.

Tori greift jetzt mit der rechten Hand den Ellbogen von *Uke*, gleitet noch etwas hinter ihn und beginnt dann, um den vorderen Fuß zu drehen *(tenkan)*. Ähnlich wie bei *ikkyo* wird *Uke* mit dem Bauch auf den Boden gelegt.

Tori platziert sich so, dass *Ukes* Schulter zwischen seine Knie kommt. Die Zehen bleiben aufgestellt. Das Gesäß ruht auf den Fersen.

Rechte Seite: Christian Tissier und Bodo Rödel – *Nikkyo*

Detail:
Der entscheidende Punkt für *nikkyo ura* – egal aus welchem Angriff – ist der Hebel über Handgelenk und Ellbogen. Die Handinnenfläche von *Tori* hat dabei vollen Kontakt zum Handrücken von *Uke*. Der kleine Finger ist fest am Puls von *Uke*.

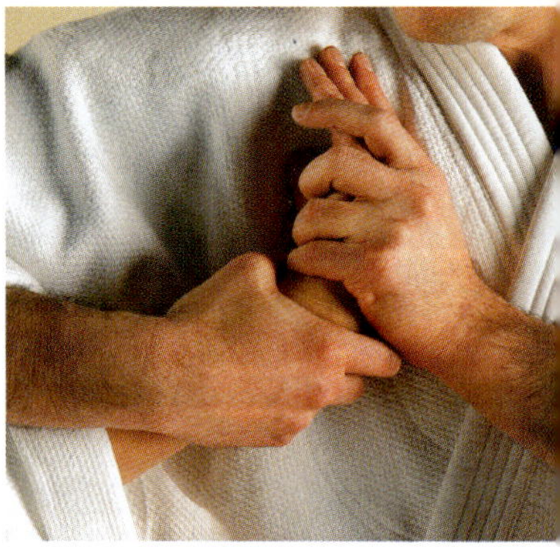

Der Arm von *Uke* wird jetzt in den rechten Ellbogen von *Tori* gelegt. Die linke Hand zieht den Ellbogen von *Uke* an den Bauch von *Tori*. Durch eine leichte Hüftdrehung des *Tori* nach links entsteht ein Hebel an der Schulter von *Uke*.

1

2

ushiro ryote dori sankyo omote waza

*Übersetzung: von hinten beide Handgelenke von **Tori** greifen – dritte Haltetechnik – vor **Uke***

Tori hat das linke Bein vorn. *Uke* steht genauso hinter ihm und fasst die Handgelenke von *Tori*. Die Hände von *Tori* sind dabei an der Hüfte. Die Handinnenfläche zeigt nach vorn, sodass *Uke* gut greifen kann. *Uke* senkt sich etwas ab. *Toris* rechte Hand bewegt sich Richtung Kopf. Gleichzeitig macht er einen Gleitschritt rückwärts (Fußstellung bleibt erhalten) und bewegt sich unter dem Arm von *Uke* hindurch.
Die Hände von *Tori* gehen vor seiner Mittelachse zusammen, er greift mit links die rechte Handkante von *Uke*.
Jetzt macht *Tori* einen Schritt vorwärts und bringt gleichzeitig den Ellbogen von *Uke* nach unten.
Tori dreht um den rechten Fuß 180 Grad rückwärts *(tai sabaki)*. Die Spannung am Handgelenk von *Uke* wird dabei aufrechterhalten. Die rechte Hand von *Tori* geht zusätzlich auf den Ellbogen von *Uke*.
Tori geht weiter rückwärts, bis *Uke* auf dem Bauch liegt. *Tori* kniet sich so hin, dass sich die Schulter von *Uke* zwischen seinen Knien befindet. Die rechte Hand von *Tori* übernimmt jetzt die Handkante von *Uke*. Mit der linken Hand zieht *Tori* *Ukes* Ellbogen an seinen Bauch.
Eine leichte Drehung der Hüfte und des Oberkörpers lässt dabei einen Hebel an der Schulter von *Uke* entstehen. (Blickwinkel bei Bild 9 ist um 90 Grad gedreht.)

3
4
5
6

7

8

9

Tipp:

Wichtig ist, *Uke* über die Spannung am Handgelenk zu kontrollieren. Als Übung kann man versuchen, *Uke* im Rückwärtsgehen nur mit dieser Spannung hinzulegen. Die Hand am Ellbogen wird dann nicht genutzt.

Detail:

Tori greift die Handkante von *Uke*. Die Handinnenfläche hat vollen Kontakt zum Handrücken von *Uke*. *Tori* bringt den Ellbogen von *Uke* nach vorn. Die Spannung entsteht durch die Außenrotation des Handgelenks von *Uke*.

1

shomen uchi yonkyo omote waza

Übersetzung: zum Kopf schlagen – vierte Haltetechnik – vor ***Uke***

Uke steht mit dem linken Bein vorn. Er hebt die rechte Hand über seinen Kopf. Dann macht er einen Schritt vorwärts und schlägt mit rechts von oben nach unten auf den Kopf von *Tori*. Das hintere Bein von *Uke* muss auf der Matte bleiben. *Tori* steht mit dem rechten Bein vorn. Wenn *Uke* mit dem Schritt beginnt, gleitet *Tori* nach vorn rechts und führt seine rechte Hand nach oben. Sie berührt den Arm von *Uke* am Ellbogen und gleitet dann am Unterarm entlang bis zum Handgelenk. Die linke Hand fasst den Ellbogen von *Uke*. So wird der Schlag von *Uke* aufgenommen.

Tipp:
Wichtig ist, dass *Tori* mit der rechten Hand nicht greift. Die Endposition ist hier Handkante gegen Handkante. Die Arme von *Tori* müssen ausreichend Spannung haben, um den Schlag anhalten zu können.

Tori macht jetzt einen Schritt vorwärts, dabei bringt er seine Hände nach unten. Die rechte Hand fängt an, oberhalb der Handinnenfläche von *Uke* zu greifen. Dieser Bewegungsablauf ist identisch mit *ai hanmi ikkyo omote waza* (Seite 64).

2

3

4

Tori hat jetzt das linke Bein vorn und kontrolliert den Ellbogen von *Uke*. Dann bewegt er den Ellbogen von *Uke* etwas nach vorn und nach oben. Ähnlich wie bei *sankyo* wird dabei mit der rechten Hand durch eine »Schraubbewegung« nach oben Spannung am Arm von *Uke* erzeugt. *Tori* gleitet nun mit seiner linken Hand vom Ellbogen an *Ukes* Unterarm entlang, bis zu seiner rechten Hand.

Dann führt *Tori* den Ellbogen von *Uke* nach vorn und nach unten. Dafür gleitet er mit dem linken Fuß vorwärts.

Wenn *Uke* auf dem Bauch liegt, gleitet der linke Fuß von *Tori* unter die Schulter von *Uke*.

Um *Uke* am Boden zu fixieren, wird sein Ellbogen in einem Halbkreis nach rechts unten gebracht.

Detail:
Tori hält den Unterarm von *Uke* mit beiden Händen fest. Der Ellbogen von *Uke* wird dabei nach vorn und nach unten gebracht. *Yonkyo* wird auch als eine Technik verstanden, bei der *Uke* über einen Schmerzpunkt am Unterarm kontrolliert wird. Dieser Schmerz entsteht, wenn mit der Basis des Zeigefingers (Grundgelenk) Druck auf den Unterarm von *Uke* (an der Elle) ausgeübt wird.

8

9

1

yokomen uchi gokyo ura waza

Übersetzung: seitlich zum Kopf schlagen – fünfte Haltetechnik – hinter ***Uke***

Mit *gokyo* bezeichnet man die Haltetechnik gegen einen Angriff mit dem Messer *(tanto)*.
Uke hat das linke Bein vorn, das Messer ist in der rechten Hand. Er hebt das Messer über den Kopf, macht einen Schritt vorwärts und sticht von der Seite in Richtung Kopf oder Hals von *Tori*.
Tori hat das linke Bein vorn. Wenn *Uke* anfängt, einen Schritt zu machen, gleitet *Tori* ihm mit dem linken Bein entgegen. Die linke Hand von *Tori* stoppt den Schlag, die rechte Hand kontrolliert die Distanz zu *Uke (atemi)*. *Tori* muss den Schlag von *Uke* sicher anhalten. Der Arm ist dabei etwas gebeugt und *Tori* hat eine tiefe Position. Beim Greifen des Handgelenks mit der rechten Hand gleitet *Tori* noch etwas weiter nach vorn. Damit verhindert er, dass *Uke* das Messer zurückzieht.

Tipp:
Wichtig ist, dass *Tori* mit der linken Hand nicht greift. Die Endposition ist hier Handkante von *Tori* gegen Unterarm/Handgelenk von *Uke*. Die Arme von *Tori* müssen ausreichend Spannung haben, um den Schlag anhalten zu können.

2

3

4

5

6

Detail:
Die rechte Hand von *Tori* fasst das Handgelenk von *Uke*. Das Handgelenk wird möglichst weit Richtung Messer gegriffen, sodass *Uke* es nicht mehr bewegen kann.

Dann beginnt *Tori*, um den vorderen Fuß 180 Grad rückwärts zu drehen *(tenkan)*. Dabei fasst seine linke Hand den Ellbogen von *Uke* (der Bewegungsablauf ist jetzt identisch mit *ai hanmi ikkyo ura*, Seite 66).

Tori legt *Uke* mit dem Bauch auf den Boden. Er platziert sich wie bei *ikkyo*: ein Knie an der Achsel, ein Knie am Handgelenk von *Uke*. *Ukes* Arm wird nicht ganz auf die Matte gelegt. *Tori* drückt kurz und deutlich auf den Ellbogen von *Uke*. Die Gegenbewegung benutzt *Tori*, um den Ellbogen von *Uke* nach oben zu bringen. Das Handgelenk mit dem Messer wird gleichzeitig Richtung Kopf von *Uke* geschoben. Durch erneuten Druck auf den Ellbogen entsteht ein Hebel am Handgelenk von *Uke*. Dadurch öffnen sich seine Finger. *Tori* nimmt das Messer mit der rechten Hand. Bei *gokyo* wird in der Regel nur die Form hinter *Uke* geübt *(ura)*.

7

8

Wurftechniken

nage waza

Auch für die Wurftechniken gilt: *Uke* bemüht sich, locker und entspannt zu bleiben. Das heißt, er fällt nicht ohne Anlass, blockiert aber auch nicht die Bewegung. So können *Tori* und *Uke* die Techniken gemeinsam lernen.

gyaku hanmi katate dori shiho nage omote und ura waza

*Übersetzung: spiegelsymmetrisch ein Handgelenk greifen – Vier-Richtungen-Wurf – vor und hinter **Uke***

Fußbewegung bei *shiho nage omote*

Ausführung vor *(omote) Uke:*
Uke und *Tori* stehen sich in spiegelsymmetrischer Fußposition gegenüber. *Uke* greift spiegelsymmetrisch das Handgelenk von *Tori*.
Tori setzt seinen vorderen Fuß nach rechts und etwas zurück aus der Linie heraus. Sein hinterer Fuß nimmt die Stelle des vorderen Fußes auf der Linie ein.

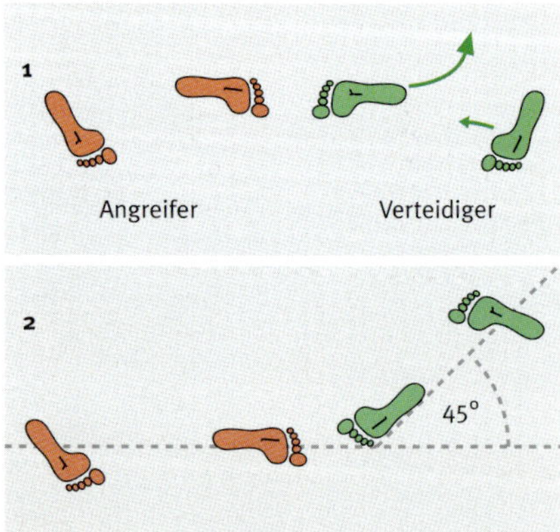

2

3

Tori steht jetzt in einem Winkel von etwa 45 Grad zu seiner Ausgangsposition. Die Füße von *Tori* sind wieder auf einer Linie, seine Hände vor seiner Mittelachse. Während *Tori* den Fußwechsel vornimmt, platziert er seine freie Hand auf dem Handgelenk von *Uke*. Jetzt geht Tori einen Schritt nach vorn *(irimi)*, seine Arme bleiben dabei fast gestreckt. Die Arme gehen etwas nach oben, und *Tori* dreht um 180 Grad unter dem Arm von *Uke (tai no henka)*.

4

Tipp:
Tori zieht nicht am Arm von *Uke* oder hebelt an dessen Ellbogen. Er bewegt sich selbst unter dem Arm von *Uke* hindurch; seine Hände bleiben immer gut vor seiner Mittelachse.

Im Moment der Drehung kann *Tori* seine Hand befreien und auf *Ukes* Handrücken legen. *Tori* greift nun mit einer Hand das Handgelenk, seine andere Hand ist auf dem Handrücken.
Sobald *Tori* einen Schritt nach vorn geht und sich unter dem Arm von *Uke* dreht, bewegt sich *Uke* mit seinem hinteren Bein etwas um *Tori* herum.
Tori hat jetzt das Handgelenk von *Uke* gegriffen, und beide können sich anschauen. Diese Bewegung von *Uke* ist notwendig, um fallen zu können.
Tori bringt jetzt seine Hände nach unten. Dabei macht er einen Gleitschritt vorwärts. Durch diese Bewegung entsteht ein Hebel am Ellbogen von *Uke*. Diesem gibt er nach, indem er das zu *Tori* stehende Bein auf die Matte ablegt und rückwärts abrollt (siehe Seite 26).
Tori führt diese Bewegung aus, bis seine Hände fast seinen eigenen, nach vorn gleitenden Fuß erreicht haben. Dann lässt er *Uke* los und stellt sich wieder gerade hin.

6

Ausführung hinter *(ura) Uke:*
Gleiche Ausgangsposition wie bei *omote* (siehe Seite 84). *Tori* gleitet jetzt mit dem vorderen Fuß etwas nach vorn und nach außen (rechter Fuß nach vorn rechts und umgekehrt). Dann dreht sich *Tori* auf seinem vorderen Fuß um 180 Grad rückwärts *(tenkan)*. Die linke Hand von *Tori* greift das Handgelenk von *Uke*.

2a

3a

Tori macht jetzt wieder einen leichten Gleitschritt vorwärts mit fast gestreckten Armen. Die Hände gehen nach oben, und *Tori* dreht sich um 180 Grad unter dem Arm von *Uke*. Auch hier wieder nicht am Arm von *Uke* ziehen oder an seinem Ellbogen versuchen zu hebeln, sondern sich selbst unter dem Arm hindurch bewegen.
Während der Drehung befreit *Tori* seine Hand und platziert sie auf dem Handrücken von *Uke*. Nach der Drehung haben *Tori* und *Uke* nahezu dieselbe Position wie bei *omote*.

4a

5a

Tori kann jetzt wieder die Hände mit einem Gleitschritt vorwärts nach unten bringen, um *Uke* zu werfen. Der Bewegungsablauf ist jetzt wie bei *omote*.

Detail:

Charakteristisch für *shiho nage* ist der Hebel am Ellbogen. Die Schultern bleiben entspannt und werden nicht nach oben gezogen. Es wird wenig Kraft aufgewendet. Das Körpergewicht von *Tori* legt sich auf den gegriffenen Punkt. Wenn es für *Tori* nicht möglich ist, die Hand zu befreien, kann er die Bewegung trotzdem in derselben Art und Weise fortsetzen.

6a

shomen uchi irimi nage

Übersetzung: zum Kopf schlagen – hineingehen und werfen

Uke steht mit dem linken Bein vorn und hebt die rechte Hand über seinen Kopf. Dann macht er einen Schritt vorwärts und schlägt mit dieser Hand auf *Toris* Kopf.
Tori steht mit dem rechten Bein vorn. Wenn *Uke* mit dem Schritt beginnt, macht *Tori* mit links einen Schritt vorwärts *(irimi)*. Gleichzeitig hebt er den rechten Arm. Der Unterarm von *Tori* gleitet am Ellbogen und Unteram von *Uke* entlang. Während er den Schlag so aufnimmt, beginnt *Tori,* um den vorderen Fuß rückwärts zu drehen *(tai sabaki)*.

Tipp:
Tori lässt *Uke* in seiner Bewegungsrichtung. Sein Schlag wird nicht blockiert oder zur Seite gedrückt. Die Bewegung gleicht zwei Papierseiten, die aneinander vorbeigeschoben werden (siehe Seite 35).

Mit dem Schritt vorwärts greift *Tori* seitlich an den Kopf von *Uke*. Bei der Rückwärtsdrehung bringt *Tori* den Kopf von *Uke* an seine rechte Schulter. *Uke* folgt entspannt der Bewegung.

3
4
5
6

7

Der rechte Arm von *Tori* bewegt sich nach oben. Dabei wird die Hand so gedreht, dass der Daumen nach unten und die Handkante nach oben zeigt. Mit einem Schritt vorwärts und einer Armbewegung nach unten »schließt« *Tori* die Bewegung und wirft *Uke*. Dieser kniet sich mit dem inneren Bein hin und rollt rückwärts ab.

Detail:
Bei der Ausführung des Wurfes ist *Toris* Arm fast gestreckt. Er steht tief, seine Schultern bleiben entspannt. *Uke* lernt, Hals und Oberkörper locker zu lassen und der Bewegung nachzugeben.

8

ai hanmi katate dori kote gaeshi

Übersetzung: diagonal ein Handgelenk greifen – Handgelenk beugen

Tori und *Uke* stehen sich diagonal gegenüber. *Uke* greift diagonal das Handgelenk von *Tori*.
Tori beginnt, den Griff von *Uke* zu lösen, indem er seine Handkante von innen nach außen über das Handgelenk von *Uke* bewegt (das ist die genau entgegengesetzte Bewegung von *ai hanmi ikkyo*, Seite 64).

1

2

3

Tipp:
Ukes Griff ist fest und deutlich, sein Arm bleibt aber entspannt. Auch nach der Bewegung von *Tori* kann er deshalb noch etwas festhalten.

Tori macht jetzt einen Schritt hinter *Uke*. Seine freie Hand greift dabei das Handgelenk von *Uke*. Jetzt kann *Tori* seine Hand endgültig aus *Ukes* Griff befreien. Dann dreht sich *Tori* auf dem vorderen Fuß 180 Grad rückwärts *(tai sabaki)*. *Tori* und *Uke* stehen jetzt nebeneinander. *Tori* macht jetzt noch einen Schritt nach hinten. Um nicht weiter mit dem Rücken zu *Tori* zu stehen, dreht sich *Uke* auf seinem vorderen Fuß um 180 Grad.

Tipp:
Bei dieser Bewegung soll *Tori* nicht ziehen.

Tori hat das Handgelenk von *Uke* gegriffen. Sein kleiner Finger ist am Puls platziert. Die freie Hand legt sich jetzt auf den Handrücken von *Uke*. So entsteht ein Hebel am Handgelenk *(kote)*. *Tori* benutzt mit einem leichten Gleitschritt vorwärts den Hebel. Seine Hände bewegen sich dabei in Richtung seines vorderen Fußes. *Uke* kniet sich mit dem hinteren Bein hin und rollt rückwärts ab.
Es ist auch möglich, *Uke* nach dem Wurf auf den Bauch zu drehen und mit einem Hebel am Boden zu fixieren (siehe *hanmi handachi waza shomen uchi kote gaeshi*, Seite 116).

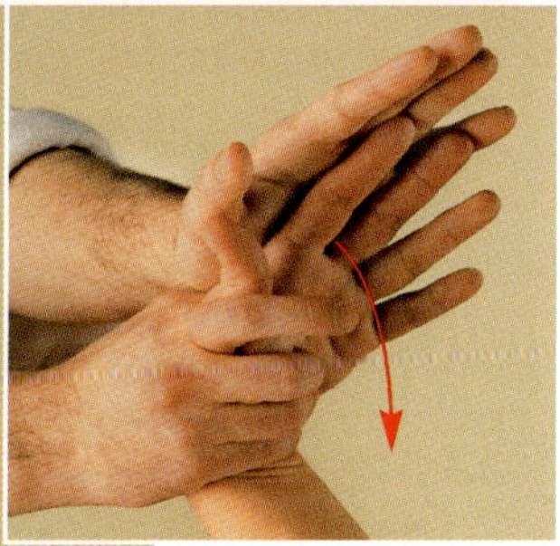

Detail:
Tori hat das Handgelenk von *Uke* gegriffen. Der kleine Finger von *Tori* ist am Puls platziert. Die freie Hand legt sich auf den Handrücken von *Uke*.

gyaku hanmi katate dori uchi kaiten nage omote waza

Übersetzung: spiegelsymmetrisch ein Handgelenk greifen – innen drehen – werfen – vor **Uke**

Uke und *Tori* stehen sich in spiegelsymmetrischer Fußposition gegenüber. *Uke* greift spiegelsymmetrisch das Handgelenk von *Tori*.
Tori macht einen Gleitschritt nach vorn-außen – damit verlässt er die Linie. Die gegriffene Hand bleibt dabei über seinem vorderen Fuß. Die freie Hand von *Tori* kontrolliert die Distanz zu *Uke (atemi)*.
Tori macht jetzt einen Schritt unter dem Arm von *Uke* hindurch. Dann dreht er sich auf seinem vorderen Fuß um 180 Grad und geht einen Schritt zurück *(tai sabaki)*. Mit dem Schritt rückwärts bringt er seine gegriffene Hand bis auf den Boden. Durch diese Bewegung kommt der Oberkörper von *Uke* nach unten.

Tipp:
Tori beugt bei dieser Bewegung die Knie. Sein Oberkörper bleibt relativ aufrecht.

Die freie Hand von *Tori* fixiert *Uke* am Nacken und hält ihn so unten *(atemi)*. Die gegriffene Hand führt ihre Bewegung von unten nach oben fort. Damit löst sich der Griff. Jetzt kann *Tori* selbst das Handgelenk von *Uke* wie mit einer Gabel zwischen Daumen und Zeigefinger fassen.

3

4

5

6

Detail:
Tori hat den Oberkörper von *Uke* nach unten gebracht. *Uke* wird am Nacken fixiert.

Der Hebel an der Schulter von *Tori* ist vorbereitet. Die Knie sind gut gebeugt. Nicht auf den Nacken von *Uke* drücken, sondern ihn nur kontrollieren.

Tori bringt den vorderen Fuß mit dem hinteren zusammen. Das Bein, das hinten war, macht jetzt einen großen Schritt vorwärts. Es entsteht ein Hebel an der Schulter von *Uke*.
Uke rollt vorwärts.

ryote dori tenchi nage omote waza

Übersetzung: beide Handgelenke greifen – Himmel- Erde-Wurf – vor ***Uke***

Uke und *Tori* stehen sich spiegelsymmetrisch gegenüber. *Uke* greift beide Handgelenke von *Tori*.
Tori gleitet mit seinem vorderen rechten Fuß nach vorn-außen. Die rechte Hand bleibt dabei über seinem rechten Fuß. Seine linke Hand geht nach oben.
Tori geht mit links einen großen Schritt vorwärts, seitlich an *Uke* vorbei. Die Arme bleiben dabei fast gestreckt. *Toris* linke Hand bewegt sich am Kopf von *Uke* vorbei nach oben.

Tipp:
Die Ellbogen von *Tori* bleiben unten. *Uke* versucht, entspannt festzuhalten.

1

2

3

Dann dreht *Tori* den Daumen nach unten. Mit dem Schritt vorwärts »schließt« *Tori* die Bewegung, indem sich die linke Hand in einer kreisförmigen Bewegung hinter *Uke* nach unten bewegt und dessen Kopf mitnimmt (ähnlich wie bei *shomen uchi irimi nage*, Seite 90). Die linke Hand geht dabei nicht weiter vorwärts als der linke Fuß.
Uke rollt rückwärts ab.

4

Detail:
Ten bedeutet Himmel, *chi* bedeutet Erde. Für diesen Wurf heißt das: Eine Hand geht nach unten, eine Hand geht nach oben. *Tori* soll sich zwischen diesen beiden Polen platzieren und stabil stehen bleiben. Dann schließt er die Bewegung mit der oberen Hand.

ai hanmi katate dori ude kime nage omote waza

Übersetzung: diagonal ein Handgelenk greifen – Arm-Hebel-Wurf – vor ***Uke***

Tori und *Uke* stehen sich in diagonaler Fußposition gegenüber. *Uke* greift diagonal das Handgelenk von *Tori*.
Tori benutzt jetzt den Daumen der gegriffenen Hand und »öffnet« die Bewegung, indem er den Arm von *Uke* nach rechts bewegt. Gleichzeitig geht *Tori* mit dem rechten Fuß etwas nach rechts, um die Handbewegung zu unterstützen.
Tori geht jetzt mit links einen Schritt vorwärts. Dabei platziert er seinen linken Arm unter die Schulter von *Uke*. Die Handinnenfläche zeigt nach oben. Die Arme von *Tori* bleiben bei der Vorwärtsbewegung gestreckt. Am Ende der Bewegung dreht *Tori* seine linke Hand, sodass der Daumen nach unten zeigt.

4

Durch diese Vorwärtsbewegung wird *Uke* aus seiner stabilen Position gebracht und rollt vorwärts.

Detail:

Den Armhebel nicht zu sehr auf Höhe des Ellbogens von *Uke* ansetzen, sondern auf Höhe der Schulter.

Tipp:

Die Knie beugen. Der linke Arm beschleunigt mit der Vorwärtsbewegung. *Uke* weiß durch diese Bewegung nicht, ob *Tori* zu seinem Kopf oder Rücken schlägt. Das setzt ihn zusätzlich in Bewegung.

gyaku hanmi katate dori koshi nage

Übersetzung: spiegelsymmetrisch ein Handgelenk greifen – Hüftwurf

Im Aikido gibt es mehrere Möglichkeiten, *Uke* über die Hüfte zu werfen. Die Idee ist dabei nicht, *Uke* »aufzuladen« oder zu »tragen«. Vielmehr soll der Kontakt zwischen *Tori* und *Uke* möglichst nur für einen kurzen Moment bestehen. (Der Blickwinkel bei Bild 3 ist um 90 Grad gedreht.)

Tori und *Uke* stehen sich spiegelsymmetrisch gegenüber. *Uke* greift spiegelsymmetrisch das Handgelenk von *Tori*.

Tori macht einen Schritt vorwärts, dreht sich um 180 Grad und bringt die Füße zusammen. *Tori* steht jetzt zu *Uke* in einem Winkel von 90 Grad. Die Fersen von *Tori* sind zusammen.

1

2

3

Jetzt senkt sich *Tori* ab, indem er die Knie beugt. Gleichzeitig bewegt er seinen gegriffenen Arm nach oben. Er schaut zu seiner Hand. Der Rücken von *Tori* und der Oberkörper von *Uke* haben Kontakt.
Tori senkt sich so weit ab, bis er unter der Hüfte von *Uke* ist. Jetzt kann er *Uke* aus dem Gleichgewicht bringen.

Tipp:
Die Bewegung erst einmal nur mit »aufladen« üben, ohne zu werfen.

Uke greift mit der freien Hand den Anzug von *Tori*.
Tori kann jetzt *Uke* über seine Hüfte werfen. *Uke* bleibt dabei entspannt, aber gerade. Er hält sich am Anzug von *Tori* fest, bis er am Boden angekommen ist. Seine Beine sind leicht angewinkelt. Die Knie sind nicht zusammen.

Detail:
Tori ist unter dem Schwerpunkt von *Uke*. Die Idee ist, sich gut zu platzieren – nicht zu ziehen. Die Bewegung funktioniert ohne Anstrengung. Der Oberkörper von *Tori* bleibt so gerade wie möglich.

Techniken im Knien
suwari waza

Im Aikido werden Techniken im Knien geübt. Ziel ist es, die aufrechte Haltung des Oberkörpers und das Gefühl einer kompakten Bewegung zu trainieren. Gleichzeitig betonen Techniken im Knien die Bewegungen des Zentrums bzw. der Hüfte. Schließlich übt man hier noch einmal besonders die Beinmuskulatur, wobei anfangs die Bewegungen sehr ungewohnt sind.

Tipp:
Lieber häufig kurze Übungseinheiten im Knien ausführen als selten lange Übungseinheiten. Wenn die Bewegungen im Knien zu unangenehm werden, ist es besser, im Stehen weiterzuüben, um Verletzungen vorzubeugen.

shomen uchi ikkyo omote und ura waza

Übersetzung: zum Kopf schlagen – erste Haltetechnik – vor und hinter ***Uke***

Die Bewegung ist *ai hanmi ikkyo* und *shomen uchi yonkyo* (Seite 64 und 76) sehr ähnlich.
Uke und *Tori* sitzen sich spiegelsymmetrisch gegenüber. Beide haben die Zehen aufgestellt, die Fersen sind zusammen. Das Gesäß ruht auf den Fersen (siehe *shikko*, Seite 48). Mit einem »Schritt« kann *Uke Tori* erreichen.

1

2

Ausführung vor *(omote)* *Uke*:
Uke stellt sein hinteres Knie nach vorn auf *(shikko)* und bewegt seine hintere Hand über den Kopf. Mit der Vorwärtsbewegung schlägt er zum Kopf von *Tori*. Sobald *Uke* mit seiner Vorwärtsbewegung beginnt, gleitet *Tori* nach rechts vorn-außen, indem er das vordere Knie aufstellt. Seine rechte Hand geht nach oben. Sie berührt den Arm von *Uke* am Ellbogen und gleitet dann am Unterarm entlang bis zum Handgelenk. Die linke Hand fasst den Ellbogen von *Uke*. So wird der Schlag von *Uke* aufgenommen.

Tipp:
Wichtig ist, dass *Tori* mit der rechten Hand nicht greift. Die Endposition ist hier Handkante gegen Handkante. Die Arme von *Tori* müssen ausreichend Spannung haben, um den Schlag anhalten zu können.

3

Tori bringt das linke Knie mit einem »Schritt« nach vorn, dabei bewegt er seine Hände nach unten. Die rechte Hand fängt an, oberhalb der Handinnenfläche von *Uke* zu greifen. *Uke* bleibt entspannt und lässt sich aus dem Gleichgewicht bringen. Er landet auf seinem linken Unterarm und kann *Tori* unter seinem Ellbogen hindurch anschauen.

Tori setzt das linke Knie ab und bringt das rechte Knie mit einem »Schritt« nach vorn-außen. (Der Blickwinkel bei Bild 5 ist um 45 Grad gedreht.) Das linke Knie kommt an die Schulter, das rechte an das Handgelenk von *Uke*. *Tori* hat die Fersen zusammen, das Gesäß ruht auf den Fersen.

Ausführung hinter *(ura)* *Uke*:
Der Anfang ist wie bei *omote* (Seite 106) – *Tori* beginnt jetzt aber mit seinem linken Knie und macht einen »Schritt« nach vorn-links. Gleichzeitig geht sein rechter Arm nach oben und gleitet vom Ellbogen des *Uke* zum Handgelenk. Die linke Hand greift den Ellbogen von *Uke*. *Tori* bringt jetzt seine Knie nach vorn zusammen. Er dreht sich auf den Knien um 180 Grad. Die rechte Hand von *Tori* greift dabei oberhalb der Handinnenfläche von *Uke*. Nach der Drehung gehen die Knie von *Tori* wieder auseinander, gleichzeitig bewegt er seine Arme nach unten und legt *Uke* mit dem Bauch auf die Matte. Das Ende ist wie bei *omote*.

3a

4a

Endposition

1

shomen uchi irimi nage

Übersetzung: zum Kopf schlagen – hineingehen und werfen

Die Technik wurde auch schon in stehender Position vorgestellt (siehe Seite 90).
Tori und *Uke* sitzen sich spiegelsymmetrisch gegenüber. Die Zehen von *Uke* und *Tori* sind aufgestellt, ihr Gesäß ruht auf den Fersen. *Uke* sitzt mit dem linken Knie vorne und hebt die rechte Hand über seinen Kopf. Dann macht er einen »Schritt« vorwärts und schlägt mit dieser Hand auf *Toris* Kopf. *Tori* sitzt mit dem rechten Bein vorne. Wenn *Uke* mit dem Schritt beginnt, macht *Tori* mit links einen »Schritt« vorwärts (*irimi*). Gleichzeitig hebt er den rechten Arm. Der Unterarm von *Tori* gleitet am Ellbogen und Unterarm von *Uke* entlang. Während dieser Bewegung greift er mit der linken Hand *Ukes* Hals oder Nacken. *Tori* bringt jetzt seine Knie nach vorn zusammen und dreht sich auf seinen Knien um 180 Grad rückwärts. Mit dieser Rückwärtsdrehung bringt *Tori* den *Uke* aus dem Gleichgewicht. *Uke* folgt dieser Bewegung und landet auf seinem rechten Unterarm.
Uke will mit links einen »Schritt« vorwärts machen, um dann mit dem nächsten »Schritt« aufzustehen. *Tori* bringt den Kopf von *Uke* während dieser Vorwärtsbewegung mit seiner linken Hand an seine rechte Schulter. Gleichzeitig geht der rechte Arm von *Tori* kreisförmig nach oben. Bevor *Uke* aufstehen kann, führt *Tori* seine Bewegung weiter und wirft *Uke*.

2

3

4

5

6

Zum Fixieren von *Uke* greift *Tori* das Handgelenk mit rechts. Die linke Hand geht zum Kopf von *Uke*. Es folgt ein Hebel am Ellbogen von *Uke* über dem linken Knie von *Tori*.

Der Angreifer steht
hanmi handachi waza

Mit der gleichen Idee wie bei *suwari waza* können Techniken auch ausgeführt werden, wenn der Angreifer steht. Mit diesen Techniken wird deutlich, dass z. B. die körperliche Größe im Aikido keine Rolle spielt. Gerade bei dieser Übungsform zeigt sich auch, wie wenig körperliche Kraft notwendig ist. Geübt werden vielmehr die exakte Technik und das Gefühl, stabil stehen bzw. sitzen zu können.

gyaku hanmi katate dori shiho nage omote waza

Übersetzung: spiegelsymmetrisch ein Handgelenk greifen – Vier-Richtungen-Wurf – vor ***Uke***

Diese Bewegung ähnelt der Bewegung im Stehen (Seite 84).
Uke steht und *Tori* kniet in spiegelsymmetrischer Position, seine Zehen sind aufgestellt, sein Gesäß ruht auf den Fersen. *Uke* greift spiegelsymmetrisch das Handgelenk von *Tori*.
Tori bringt seine Knie zusammen, gleichzeitig bewegt er seine Hände vor seine Mittelachse. Die rechte Hand greift das Handgelenk von *Uke*. Jetzt stellt *Tori* sein linkes Knie auf und macht einen Gleitschritt vorwärts. Seine Arme bleiben dabei leicht gebeugt. Sie gehen etwas nach oben, und *Tori* dreht sich um 180 Grad unter dem Arm von *Uke*. Dafür »klappt«

1

2

Tori einfach das linke Knie zu seinem rechten Knie. Mit der Drehung wird jetzt das rechte Knie aufgestellt. Im Moment der Drehung kann *Tori* seine Hand befreien und auf *Ukes* Handrücken legen.

Tipp:
Tori zieht nicht am Arm von *Uke* oder hebelt an dessen Ellbogen. Er bewegt sich selbst unter dem Arm von *Uke* hindurch; seine Hände bleiben immer gut vor seiner Mittelachse.

In dem Moment, wo *Tori* unter dem Arm von *Uke* dreht, bewegt sich *Uke* mit seinem hinteren Bein selber etwas um *Tori* herum, bis sich beide wieder von vorn anschauen können. Diese Bewegung von *Uke* ist notwendig, damit er fallen kann.
Tori bewegt jetzt seine Hände nach unten. Dabei macht er einen Gleitschritt vorwärts, das rechte Knie bleibt aufgestellt. Durch die Bewegung entsteht ein Hebel am Ellbogen von *Uke*. Diesem gibt er nach, indem er das zu *Tori* stehende Bein auf die Matte ablegt und rückwärts abrollt.
Tori führt die Bewegung fort, dabei legt sich sein rechtes Knie auf den Oberkörper von *Uke*. Die Fersen von *Tori* sind unter seinem Gesäß.

Tipp:
Die Platzierung von *Tori* ist dann richtig, wenn er ohne Probleme aufstehen kann.

5

6

shomen uchi kote gaeshi

Übersetzung: zum Kopf schlagen – Handgelenk beugen

Die Bewegung ähnelt *ai hanmi katate dori kote gaeshi* (Seite 93).
Tori kniet, seine Zehen sind aufgestellt, sein Gesäß ruht auf den Fersen. *Uke* steht in spiegelsymmetrischer Ausgangsposition mit dem linken Bein vorn. Er bewegt die rechte Hand über seinen Kopf. Dann macht er einen Schritt vorwärts und schlägt mit rechts von oben nach unten auf den Kopf von *Tori*.
Tori beginnt mit dem linken Knie. Dieses wird nach links-vorn aufgestellt (siehe *shikko*, Seite 48). Gleichzeitig bewegt sich sein rechter Arm nach oben. Jetzt setzt *Tori* das linke Knie nach vorn ab. Er bringt seine Knie zusammen und dreht sich auf seinen Knien um 180 Grad rückwärts. Anschließend gehen die Knie wieder auseinander, um eine stabile Position zu haben. Die linke Hand von *Tori* greift während der Drehung das Handgelenk von *Uke*. Danach bewegt *Tori* sein linkes Knie noch etwas nach hinten. Die freie Hand wird auf dem Handrücken von *Uke* abgelegt. Es entsteht ein Hebel am Handgelenk. *Tori* benutzt diesen Hebel. *Uke* fällt rückwärts. *Tori* platziert seine rechte Hand auf den Ellbogen von *Uke*. Mit dem linken Knie gleitet *Tori* am Kopf von *Uke* vorbei und dreht ihn mit etwas Druck am Ellbogen auf den Bauch. *Tori* kniet sich so hin, dass die Schulter von *Uke* zwischen seine Knie kommt. Die Zehen bleiben aufgestellt. Das Gesäß ruht auf den Fersen.

3

4

5

6

7

8

Der Arm von *Uke* wird jetzt in den linken Ellbogen von *Tori* gelegt. Die rechte Hand zieht den Ellbogen von *Uke* an den Bauch von *Tori*. Durch eine leichte Hüftdrehung von *Tori* nach rechts entsteht ein Hebel an der Schulter von *Uke*. (Der Blickwinkel bei Bild 9 ist um 90 Grad gedreht.)

9

Christian Tissier und Bodo Rödel – *Tenchi Nage*

Geschichte

Japan und Morihei Ueshiba

Die Geschichte des Aikido ist zurzeit noch überwiegend eine Geschichte seines Begründers Morihei Ueshiba, da es sich bei Aikido um eine relativ junge Kampfkunst handelt. Ueshiba wurde am 14.12.1883 in Tanabe, Japan, geboren. Sein Vater war ein wohlhabender Bauer und Lokalpolitiker, seine Mutter eine gebildete Frau, die sich mit Literatur, Kunst und Religion beschäftigte.
Schon in seiner Jugend begann er sich, geprägt durch den Einfluss seiner Eltern, für Kampfkünste (*Ju Jutsu/Sumo*) sowie verschiedene religiöse und spirituelle Praktiken zu interessieren. Gleichzeitig absolvierte er seinen Schulabschluss. 1902 heiratete er Hatsu Itogawa und nahm 1904 als Soldat am Krieg gegen Russland in der Mandschurei teil. Auch während dieser Zeit erlernte er verschiedene Stile des Ju *Jutsu*.
1910 siedelte Ueshiba auf die Insel Hokkaido um, auf der er sich als Landwirt betätigte.
Dort begegnete er Sokaku Takeda, einem bekannten Kampfkunstmeister des *Daito-ryu Aikijutsu*. Dieses sollte mit seinen Techniken einen großen Einfluss auf die Entwicklung des späteren Aikido haben.
Um Takeda ranken sich viele Geschichten und Mythen. Er erlernte ebenfalls sehr früh verschiedene Kampfkünste und verdiente sich zwischen 1900 und 1915 seinen Lebensunterhalt mit dem, was man heute als das Halten von Seminaren bezeichnen würde.
Ueshiba trainierte ungefähr drei bis vier Jahre intensiv unter Takeda, bis er schließlich 1919 Hokkaido, vermutlich wegen der Erkrankung seines Vaters, zu dem er zurückkehren wollte, verließ.
Auf dem Rückweg lernte er den Begründer einer neuen Religion (*Omoto-kyo*) kennen – Wanisaburo Deguchi. Zu dieser Zeit entstanden überall in Japan neue Religionsgemeinschaften, es traten Seher, Propheten und Prediger auf. Die Ursache dafür lag wahrscheinlich im Niedergang der alten Ordnung Japans zu Beginn des 20. Jahrhunderts. So zählte *Omoto-kyo* zwischen 1919 und 1921 mehrere Millionen Mitglieder.
1920 zog Ueshiba mit seiner Familie nach Ayabe, in die Nähe des Hauptsitzes von *Omoto-kyo*. Dort half er bei der Umsetzung landwirtschaftlicher und bauli-

cher Projekte und lernte von Wanisaburo Deguchi. Parallel übte er Kampfkunst zunächst für sich allein, dann unterrichtete er einige Anhänger des *Omoto-kyo*. Ueshiba und Deguchi durchlebten etliche politische Unruhen und Intrigen. Insgesamt saß Deguchi sechs Jahre im Gefängnis.

Im Jahr 1925 soll Ueshiba eine »Erleuchtung« gehabt haben. Diese eröffnete ihm eine tiefe spirituelle Einsicht in die Zusammenhänge des Universums. Wichtig für die Begründung des Aikido wurde aber vor allem die Erkenntnis Ueshibas, dass nicht Streit der Kern der traditionellen Kampfkünste (*Budo*) ist, sondern Liebe. Diese hat zur Aufgabe, alles Bestehende zu achten und zu schützen.

Um 1925 verwendete Ueshiba zum ersten Mal die Bezeichnung AIKIDO für seine Kampfkunst. Wann genau das Wort Aikido zum ersten Mal auftaucht, ist je nach Quelle etwas unterschiedlich datiert. Vorher nannte Ueshiba seine Kunst z. B. *Aiki-Budo, Aiki-Jutsu* usw. Als Kampfkunstmeister wurde er von nun an immer bekannter. 1927 zog Ueshiba nach Tokio und begann dort zu unterrichten. 1930 besuchte ihn hier auch Jigoro Kano, der Begründer des modernen Judo. Von ihm ist angesichts der Bewegungen Ueshibas der Ausspruch überliefert: »Das ist ideales Budo – wahres Judo.«

Um im *Dojo* von Ueshiba trainieren zu dürfen, mussten die Schüler seinerzeit Empfehlungsschreiben und zwei Sponsoren mitbringen. Entscheidend war dann ein persönliches Vorstellungsgespräch. Ueshiba unterrichtete dabei keinesfalls systematisch, sondern experimentierte und entwickelte immer wieder neue Techniken. Zum täglichen Training gehörten stets auch Übungen mit verschiedenen Waffen, vor allem mit dem Schwert.

Mit Beginn des Krieges zog sich Ueshiba 1942 aus dem öffentlichen Leben zurück. Die Leitung seiner Schule übertrug er seinem Sohn Kisshomaru. Er selbst ging in das 150 km entfernte Iwama, um sich wieder ganz auf *Budo* und Landwirtschaft zu konzentrieren.

Nach dem Krieg war die Ausübung der Kampfkünste zunächst durch die amerikanischen Besatzer verboten. Ueshibas Schule in Tokio wurde 1949 wiedereröffnet. In den 1950er- und 1960er-Jahren überließ es Morihei Ueshiba hauptsächlich seinen Schülern und seinem Sohn Kisshomaru, Aikido in der Welt zu verbreiten. Ueshibas Leben war jetzt geprägt durch ein Bedürfnis nach Frieden und Spiritualität. In seinen letzten Lebensjahren hat er nur noch gelegentlich in Iwama, Tokio und in verschiedenen Städten unterrichtet. Nur noch wenige Schüler bekamen ihn zu Gesicht, auch wenn er sich 1961 für sechs Wochen in den USA aufhielt.

In seinen späten Lebensjahren erkrankte *O-Sensei* Morihei Ueshiba an Leberkrebs und starb am 26.04.1969.

Weltweite Entwicklung

1948 wurde der Aiki-Verband (*Aikikai*) in Japan gegründet. Eine wichtige Rolle bei der weltweiten Verbreitung des Aikido spielte der dritte Sohn von Morihei Ueshiba – Kisshomaru Ueshiba (1921–1999). Er leitete den *Aikikai* und unterrichtete im *Hombu Dojo* in Tokio – dieses war die Schule, welche sein Vater gegründet hatte, und damit die bekannteste und einflussreichste Aikido-Schule. Nach dem Tod seines Vaters war er der *Doshu*, der »Meister des Weges« – ein traditioneller japanischer Titel. Nach seinem Tod nimmt nun sein Sohn Moriteru Ueshiba (geb. 1951) diese Position ein.
Als der Zweite Weltkrieg beendet war, gingen einige der fortgeschritteneren Schüler Morihei Ueshibas nach Amerika und Europa, um dort Aikido zu verbreiten. Gleichzeitig kamen Ausländer, die von Aikido gehört hatten, nach Japan, um diese Kampfkunst zu erlernen. Abhängig vom Zeitpunkt, an dem die Schüler bei Morihei Ueshiba Aikido lernten, begegneten sie Aikido in unterschiedlicher Gestalt. So war vor dem Krieg das Aikido mehr praxisorientiert, nach dem Krieg wurde es vergleichsweise weicher. Im Grunde gab es jedoch zu keinem Zeitpunkt Aikido als ein feststehendes und didaktisch aufbereitetes Lehrsystem. Es entwickelten sich sogar zum Teil sehr unterschiedliche Stilrichtungen. Je nachdem, wann die Schüler Morihei Ueshiba trafen und welche eigenen Interessen sie verfolgten, entwickelten sie ihr Aikido unterschiedlich weiter. Heute ist Aikido in vielen Ländern verbreitet. Die Aikikai-Organisation ist der weltweit anerkannte und respektierte Dachverband des Aikido. Das *Hombu Dojo* in Tokio wird zwar immer noch als das Zentrum des Aikido angesehen, nach dem Tod von Morihei und Kisshomaru Ueshiba hat dies aber hauptsächlich historische Gründe. Mittlerweile gibt es weltweit viele Japaner und Nichtjapaner, die Aikido auf einem hohen Niveau unterrichten.

Entwicklung in Deutschland

Die Entwicklung des Aikido in Deutschland genau zu beschreiben ist nahezu unmöglich. Bekannt ist Aikido in Deutschland seit 1960. Damals kamen Lehrer aus Japan, um Aikido zu verbreiten, verbunden vor allem mit der Entwicklung des *Judo* in Deutschland. Aus diesen Anfangszeiten gingen zahlreiche Verbände unterschiedlicher Größe hervor. Dieser Wirrwarr an Organisationen führte vielleicht dazu, dass Aikido hier – im Vergleich zu anderen europäischen Ländern (z. B. Frankreich) – noch nicht so bekannt ist.
In Deutschland gibt es heute aber zahlreiche Vereine und Schulen, die Aikido in unterschiedlichen Stilrichtungen anbieten.

Tipps für den Einstieg

Damit der Einstieg in das Aikido-Training gelingt, hier einige Hinweise:

- Aikido kann man in Deutschland in Vereinen oder Profischulen lernen. Beides hat Vor- und Nachteile. Vereine sind preiswerter, Profischulen bieten mehr Trainingszeiten und oft auch eine bessere Ausstattung an.
- Aikido gibt es auf unterschiedlichem Niveau. Der Begriff »Aikido-Lehrer« ist in Deutschland nicht geschützt. Im Prinzip kann sich jeder so nennen. Interessant ist aber sicherlich zu wissen, wie lange ein Lehrer schon Aikido übt und ob er sich selber noch fortbildet.
- Der Aikido-Unterricht ist auch didaktisch auf sehr unterschiedlichem Niveau. Es gibt eine große Spannweite: Eher japanisch-traditioneller Unterricht, das heißt im Wesentlichen nachmachen, was man sieht, ohne Kommentar – bis hin zu logisch aufgebauten und nachvollziehbaren Unterrichtseinheiten.
- Die Graduierung des Aikido-Lehrers ist oft nicht sehr aussagekräftig. Zum einen gibt es verschiedene Verbände in Deutschland, die Graduierungen nach unterschiedlichen Maßstäben vergeben. Zum anderen werden Graduierungen auch für verbandspolitische Tätigkeiten oder einfach für die Dauer der Aikidolaufbahn vergeben.
- Im Aikido gibt es unterschiedliche Stilrichtungen. Diese reichen von statischen oder dynamischen bis hin zu hauptsächlich an Meditation oder Gymnastik orientierten Formen.

Aus diesen fünf Punkten folgt: Wer die Gelegenheit hat, sollte sich mehrere Schulen, Vereine oder Gruppen anschauen, um vergleichen zu können. Jenseits technischer Aspekte spielt sicherlich auch die Atmosphäre in einem Dojo und die Persönlichkeit des Lehrers eine wichtige Rolle.

Wenn man Aikido begonnen hat, ist Folgendes der Schlüssel zum Erfolg:

- Kontinuierliches Training. Sinnvoll ist am Anfang – je nach Vorerfahrung – eine Frequenz von z. B. zweimal in der Woche eine Stunde. Sich länger als eine Stunde auf völlig neue Bewegungen zu konzentrieren ist oft sehr schwer.
- Kontinuierliches Training bedeutet auch: Lieber nur regelmäßig einmal in der Woche trainieren als dreimal in der Woche üben und dann drei Wochen Pause machen.
- Es langsam angehen lassen: Die Aikido-Bewegungen sind zum Teil sehr schwierig. Doch ist das Erlernen von Aikido auf einen sehr langen Zeitraum ausgelegt, was heißt: Geduld haben mit sich selbst und mit den anderen. Um die Grundtechniken einigermaßen kennen zu lernen, sollte man sich – je nach Trainingsfrequenz – zwei bis vier Jahre Zeit lassen.

Begriffs-erklärungen

Aikido stammt aus Japan, deshalb wurde in dieser Kampfkunst die japanische Terminologie übernommen. Die Übersetzungen in der folgenden Auflistung sind sinngemäß und Aikido-spezifisch.

AI: Harmonie, vereinigen, zusammensein, gegenseitig, wechselseitig
AIKIDO-KA: Der/Die Aikido-Übende
ARIGATO: Danke
ASHI: Fuß, Bein
ASHI BARAI: Mit dem Fuß fegen
ATEMI: Schlagtechniken, Technik im Aikido, um den Angreifer für einen kurzen Moment zu fixieren

BATTO JUTSU: Kunst des Schwertziehens (ältere Form des IAIDO)
BO: (Langer) Stock
BOJUTSU: Stocktechniken
BOKKEN / BOKUTO: Holzschwert (Übungswaffe im Aikido)
BUDO: Weg der Kampfkünste
BUSHI: Krieger, Samurai
BUSHIDO: Ehrenkodex der BUSHI

CHUDAN: Mittlerer Bereich
CHUDAN TSUKI: Faustschlag zum Bauch

DAN: Grad, Stufe, vgl. KYU
DEAI: Erste Kontaktaufnahme bei einer Technik
DO: Weg, Methode, Lehre
DOJO: Traditioneller Übungsraum
DOZO: Bitte sehr
DOSHU: Höchster Vertreter der Kunst

ERI: Kragen

GEDAN: Unterer Bereich
KERI/GERI: Fußtritt
(KEIKO) GI: Übungsanzug (Judoanzug)
GO NO GEIKO: Hartes Training
GYAKU HANMI: Spiegelsymmetrische Fußposition von TORI und UKE

HAKAMA: Traditioneller Hosenrock
HANMI: Stellung, Position
HARA: Bauch, Zentrum oder Mitte des Körpers
HENKA: Positionswechsel, ohne die Fußstellung zu verändern
HENKA WAZA: Varianten der Grundtechniken
HIDARI: Links
HIJI: Ellbogen
HO: Übung eines Prinzips, z. B. KOKYU HO

IAIDO: Die Kunst, das Schwert zu ziehen
IAITO: Trainingsschwert zum IAIDO
IKKYO: Erste Lehre = erste Haltetechnik
IRIMI: Direktes Hineingehen

JIU WAZA: Freies Training
JO: Holzstock (Übungswaffe im Aikido)
JODAN: Oberer Bereich
JU JUTSU: Ältere Kampfmethoden, aus denen moderne Kampfkünste entstanden sind
JU NO GEIKO: Weiches Training

KAI: Verband, Gruppierung, Schule – z. B. AIKIKAI
KAITEN: Drehbewegung
KAITEN NAGE: Drehwurf
KAMAE: Grundstellung
KAMIZA: Ehrenplatz im DOJO
KATA: Vorgeschriebene Formen/ Schulter
KATAME WAZA: Haltetechniken am Boden
KATANA: Japanisches Schwert
KEIKO: Übung, Wiederholung, Training
KEN: Schwert
KENDO: Japanische Fechtkunst
KENJUTSU: Kampftechniken mit dem Schwert
KESA GIRI: Schneiden in der Diagonalen
KI: Geistige Kraft, mentale Stärke, Lebensenergie, Universalenergie
KIAI: Schrei
KIHON: Grundlagen
KI MUSUBI: Das KI zweier Partner vereinigen
KOKORO: Herz, Mentalität
KOKYU: Atmung (Austausch)
KOKYU HO: KOKYU-Übungen
KOSHI: Hüfte
KOSHI NAGE: Hüftwurf
KOTE: Handgelenk
KOTE GAESHI: Handgelenks-Beuge-Wurf
KUBI: Hals
KUMI TACHI: Schwertarbeit zu zweit
KUMI JO: Stockarbeit zu zweit
KYU: Grad (vor DAN)
KYUDO: Weg des Bogenschießens

MA: Abstand, Distanz
MA AI: Korrekter Abstand
MAE: Vorn
MAE GERI: Fußtritt nach vorn
MAWASHI GERI: Kreisförmiger Fußtritt
MIGI: Rechts
MUNE: Brust
MUNE DORI: Revers greifen

NAGE: Siehe TORI
NAGE WAZA: Wurftechnik

OMOTE: Vorderseite
ONEGAI SHIMASU: Satz, den man spricht, wenn man jemanden begrüßt; wortwörtlich: »bitte«
OSAE WAZA: Haltetechnik, z. B. IKKYO
O-SENSEI: Wörtlich: »Großer Meister«, respektvoller Titel für Meister Morihei Ueshiba

RANDORI: Freie, fortlaufende Arbeit, Abwehr eines Einzelnen gegen viele
REI: Verbeugung
REIGI: Etikette, Verhaltensregeln im DOJO
RYU: Kampfkunstschule

SEIZA: Auf den Fersen sitzen, formelle Sitzart
SENSEI: Lehrer oder jede Person, die man sehr respektiert
SHIHAN: Lehrer mit hoher Graduierung
SHIHO GIRI: In vier Richtungen schneiden (SHI = 4)
SHIHO NAGE: Vier-Richtungen-Wurf
SHIKKO: Im Knien gehen

SHIN: Geist, Herz
SHISEI: Korrekte Körperhaltung
SHITE: Siehe TORI
SHIZENTAI: Natürliche Grundhaltung
SHODAN: 1. DAN (SHO: Anfänger)
SHOMEN: Frontal
SODE: Ärmel
SOKUMEN: Seitlich, schräg (auch: NANAME)
SOTO: Außen
SUMO: Japanisches Ringen

TAI: Körper
TAI NO HENKA: Drehung der Hüfte, aber Beibehaltung der Beinstellung
TAI SABAKI: Körperbewegungen (oft Kombinationen von IRIMI-TENKAN)
TAISO: Gymnastik, Aufwärmtraining
TANTO DORI: Techniken gegen Angriffe mit dem Messer
TATAMI: Matten
TE: Hand
TEGATANA: Schwerthand
TENCHI NAGE: Himmel (TEN)-und-Erde (CHI)-Wurf
TENKAN: Auf dem Vorderfuß drehen, um auszuweichen
TORI: Derjenige, der die Technik ausführt (auch NAGE oder SHITE)
TSUGI ASHI: Bewegung, bei der die Füße ohne Beinwechsel gleiten
TSUKI: Schlag mit der Faust

UCHI: Innen
UDE: Arm
UDE KIME NAGE: Armhebelwurf
UKE: Person, die angreift und geworfen wird
UKEMI: Fallen
URA: Rückseite
USHIRO: Hinten

WAZA: Technik

YARI: Lanze
YOKO: Seitlich
YOKOMEN: Kopfseite
YUDANSHA: Praktizierende mit DAN-Grad

ZANSHIN: Aufmerksamkeit am Ende der Technik beibehalten
ZAREI: Verbeugung im Knien
ZORI: Japanische Reisstrohsandalen

JAPANISCHE ZAHLEN

1 ICHI
2 NI
3 SAN
4 SHI oder YON
5 GO
6 ROKU
7 SHICHI oder NANA
8 HACHI
9 KYU oder KU
10 JU

Literatur

Stevens, John (1992):
Unendlicher Friede –
Die Biographie des Aikido-Gründers
Morihei Ueshiba
Leimen, Werner Kristkeitz Verlag

Tissier, Christian (1983):
Aikido Inititation
Boulogne-Billancourt, Sedirep

Tissier, Christian (1990):
AIKIDO
Boulogne-Billancourt, Sedirep

Ueshiba, Kisshomaru (1985):
aikido
Tokyo, Hozansha

Ueshiba, Kisshomaru (1987):
The Spirit of Aikido
Tokyo – New York – London: Kodansha International

Ueshiba, Morihei (1991):
Budo. Teachings of the founder of aikido
Tokyo – New York – London: Kodansha International

Internet-Adressen

www.aiki.com
www.aikido.com
www.aikido.de
www.aikidofaq.com
www.aikido-foederation.de
www.aikido-international.org
www.aikidojournal.de
www.aikido-schule.de
www.aikikai.de
www.aikikai.org
www.aikikai.or.jp
www.christiantissier.com

Bestform für Körper und Geist

BLV Sportpraxis Top
Wolf-Dieter Wichmann
Richtig Karate
Ausrüstung, Gymnastik, Atmung und Kiai, Karate-Stellungen, Stoß- und Schlagflächen, Abwehr- und Angriffstechniken, Kumite-Formen, Jiyu-Kumite, Kampftechniken, Kata, Psychologie in Training und Wettkampf, Karate in Breitensport und Selbstverteidigung.

blv fitness
Michael Hilt
Tai Chi
Die Bedeutung von Tai Chi, Harmonisierung von Körper und Geist, 12 Tao-Übungen, die Gesundheit und Wohlbefinden fördern.

BLV Sportpraxis Top
Robbi Dienersberger
Richtig Tai-Bo
Der Megatrend – das Workout mit Elementen aus Taekwondo, Boxen und Aerobic: Grundlagen, Training der Schlagkombinationen, Übungseinheiten, Entspannungstechniken, Ernährung.

BLV Sportpraxis Top
Dieter Beh / Johannes Weingart
Richtig Qi Gong
Mit den sanften Bewegungsformen des Qi Gong entspannen und die innere Mitte finden; erstmals mit Osteopathie: Energieblockaden lösen durch Selbstbehandlung.

BLV Sportpraxis Top
Andreas Schäfer
Richtig Judo
Erstmals vollständig und umfassend dargestellt: alle Techniken Schritt für Schritt in Wort und Bild; Judo-Geschichte und -Prinzipien; alle Fachbegriffe in Deutsch und Japanisch.

BLV Sportpraxis Top
Kyong Myong Lee
Richtig Taekwondo
Geistiger und sportlicher Wert, Technik und Training, Grund- und Kombinationstechniken, Wettkampf, Kunstbewegungsformen; mit der aktuellen Wettkampfordnung.

Im BLV Verlag finden Sie Bücher zu den Themen: Garten und Zimmerpflanzen • Natur • Heimtiere • Jagd und Angeln • Pferde und Reiten • Sport und Fitness • Wandern und Alpinismus • Essen und Trinken

blv

Ausführliche Informationen erhalten Sie bei:

BLV Verlagsgesellschaft mbH • Postfach 40 03 20 • 80703 München
Tel. 089/12705-0 • Fax 089/12705-543 • http://www.blv.de